Edition Sozialwirtschaft Bd. 46

Edition Sozialwirtschaft

Kongress der Sozialwirtschaft e.V. [Hrsg.]

Verantwortung wahrnehmen

Resilienz – Wettbewerb – Nachhaltigkeit

Bericht über den 12. Kongress der Sozialwirtschaft vom 22. und 23. September 2022 in Magdeburg

Onlineversion
Nomos eLibrary

Die Deutsche Nationalbibliothek verzeichnet diese Publikation in
der Deutschen Nationalbibliografie; detaillierte bibliografische
Daten sind im Internet über http://dnb.d-nb.de abrufbar.

ISBN 978-3-7560-0359-4 (Print)
ISBN 978-3-7489-3847-7 (ePDF)

1. Auflage 2023
© Nomos Verlagsgesellschaft, Baden-Baden 2023. Gesamtverantwortung für Druck
und Herstellung bei der Nomos Verlagsgesellschaft mbH & Co. KG. Alle Rechte, auch
die des Nachdrucks von Auszügen, der fotomechanischen Wiedergabe und der Übersetzung, vorbehalten. Gedruckt auf alterungsbeständigem Papier.

Vorwort des Herausgebers

Dr. Gerhard Timm

Ist die Sozialwirtschaft und insbesondere ihr freigemeinnütziger Teil nicht per se eine Verantwortungswirtschaft? Ist es nicht ein Wesensmerkmal, Verantwortung für andere, die sich – wie auch immer – in einer hilfsbedürftigen Lage befinden, zu übernehmen? Das kann man sicher so sehen. Aber worauf erstreckt sich diese Verantwortung genau und wie wird sie angenommen und umgesetzt – eben wahrgenommen? Wo findet möglicherweise auch Missbrauch statt mit dieser Verantwortung?

Diesen Fragen wollten wir im ursprünglich für 2021 regulär geplanten Kongress der Sozialwirtschaft nachgehen. In Verantwortung für die Teilnehmer:innen haben wir den Kongress dann verschoben, zunächst auf das Frühjahr 2022 und dann auf den Herbst. Als wir uns über das Thema Gedanken gemacht haben, herrschte in der Ukraine noch Frieden.

Heute umfassen die Begleiterscheinungen dieses Krieges auch einen Teil der Verantwortung, die wir als Sozialwirtschaft adressieren und übernehmen. Die Unterstützung vor Ort, die Organisation von Hilfssendungen und die Betreuung von Geflüchteten sind nur drei Dimensionen. In jedem Fall aber hat unsere Verantwortung eine internationale Dimension.

Im Kontext der Bekämpfung des Klimawandels verbindet sich ein globales Weltereignis mit unserer lokalen Verantwortung. Es ist beeindruckend zu sehen, wie einhellig und klar diese Herausforderung auch in der Sozialwirtschaft erkannt wird. In der Umsetzung müssen wir allerdings noch besser werden.

Aber auch die traditionellen Zielgruppen unserer Arbeit und damit unserer Verantwortung sollen im Fokus bleiben. Auch hier verbindet sich Erreichtes mit weiterem Handlungsbedarf.

Um noch einmal auf den Ukrainekrieg zurückzukommen: Der russische Überfall und die damit einhergehende Verknappung und Verteuerung von Energie hat nicht nur Auswirkungen auf unsere Einrichtungen und Dienste und die oben erwähnten Zielgruppen, sondern auch auf unsere Mitarbeitenden. Auch hier haben wir als Sozialwirtschaft eine besondere Verantwortung. Es schmerzt vor diesem Hintergrund besonders, dass insbesondere in der Pflege, aber auch in anderen sozialen Berufen, viele resignieren, weil sie die schwierigen Arbeitsbedingungen nicht mehr ertragen. Das Glück, in einem sinnstiftenden Beruf zu arbeiten, wird entwertet durch extrem belastende Arbeitsbedingungen. Auch wenn hier in erster Linie die Politik gefragt ist, bleibt es auch ein Teil unserer Verantwortung, diese Arbeitsbedingungen soweit möglich zu verbessern.

Die vorstehenden Überlegungen – obschon nur skizzenhaft – zeigen vielfältige Dimensionen von Verantwortung auf, denen wir uns in der Sozialwirtschaft stellen müssen. Das ließ sich in Gänze im Kongress natürlich nicht abbilden, wir mussten deshalb eine Auswahl treffen. Ich hoffe, dass uns dies gut gelungen ist und dass die Teilnehmenden einen praktischen Gewinn für ihre Arbeit mit nach Hause nehmen konnten.

Ich nutze die Gelegenheit, mich herzlich bei den Mitgliedern des Leitungsteams, des Vorstandes und des Projektteams für ihre engagierte Arbeit für den Kongress zu bedanken.

Ich wünsche Ihnen eine anregende Lektüre dieses Tagungsbandes und in Ihren Unternehmungen alles Gute und viel Erfolg bei der Wahrnehmung von Verantwortung.

Inhaltsverzeichnis

PLENUM:

Gitta Bernshausen
„Entwickeln heißt verwandeln" 11

WORKSHOP 1: #VERANTWORTUNG IM WETTBEWERB

Sven Bartel
Zukunftsmodell Kooperation? 29

Rainer Brockhoff
Strategische Partnerschaft in verbandsinternen Netzwerken am
Beispiel IT-Infrastruktur 33

**WORKSHOP 2: #VERANTWORTUNG FÜR DIE
GESELLSCHAFT**

Sebastian Merkle & Patrick Wilk
Gemeinwohl stärken – Potenziale genossenschaftlicher Ansätze für
die Sozialwirtschaft 43

WORKSHOP 4: #VERANTWORTUNG FÜR VERFAHREN

Friederike Mussgnug
Verantwortung für Verfahren – Vergaberecht in der Praxis 59

Inhaltsverzeichnis

Thomas Thieme
Vergaberecht in der Praxis: Trägervielfalt und soziale
Nachhaltigkeit in der Leistungserbringung 75

WORKSHOP 5: #VERANTWORTUNG FÜR STRATEGIEN

Anja Mandelkow & Sam Rafati
Wie können Träger das Potenzial ihrer Immobilien strategisch
nutzen? 83

WORKSHOP 6: #VERANTWORTUNG FÜRS KLIMA

Steffen Lembke
Verantwortung. Jetzt auch noch für das Klima?! 99

WORKSHOP 7: #VERANTWORTUNG FÜR RESILIENZ

Silke Köser
Verantwortung für Resilienz – Wie wir Menschen und
Organisationen nachhaltig stärken können 105

Wolfgang Muy
Sozialdienstleister 4.0 – Vom diakonischen Frachter zum agilen
Segelboot: „Alle in einem Boot – auf zu neuen Ufern" 115

Norbert Kunz
Verantwortung und Innovation 123

Martin Reichinger
Schlusswort 139

Autorinnen und Autoren 143

PLENUM:

„Entwickeln heißt verwandeln"

Gitta Bernshausen

1. Der schwarze Schwan ist gelandet

Es war der perfekte Sturm – und praktisch niemand sah ihn kommen. Es dauerte nur wenige Wochen, bis dieser mikroskopisch kleine Organismus die ganze Welt eroberte und die Menschheit in Angst und Schrecken versetzte.

Zu Beginn der Corona-Pandemie erkrankten Millionen Menschen in kurzer Zeit schwer, viele starben. Bis heute sind weltweit mehr als 620 Millionen Personen an Covid-19 erkrankt, mehr als 6,5 Millionen sind gestorben.[1]

Gleichzeitig infizierte das Coronavirus das Wirtschaftssystem, indem es die Arbeitnehmenden und Konsumentinnen und Konsumenten in die Quarantäne zwang, Produktion und Märkte lahmlegte, weltweit die Börsen erschütterte, Staaten zu in der Geschichte beispiellosen Rettungspaketen zwang und Gesellschaften insgesamt destabilisierte.

Im angelsächsischen Raum nennt man ein solches Ereignis einen schwarzen Schwan. Bevor die Engländer im 18. Jahrhundert Australien entdeckten, waren sie der festen Überzeugung, dass alle Schwäne weiß seien. 1790 wurde in Westaustralien – und damit aus englischer Perspektive am Ende der Welt – der auch dort sehr seltene Trauerschwan erstmals beschrieben. Der „schwarze Schwan" ist seither eine Metapher für extrem unwahrscheinliche Ereignisse.

Sie sind nicht nur kaum vorhersehbar, sondern haben auch extreme Konsequenzen. Schwarze Schwäne haben das Potenzial, politische Umstürze, ökonomische Krisen, den Zusammenbruch von staatlichen Systemen oder ökologische Katastrophen auszulösen.

Mit dem Coronavirus und seinen Folgen haben wir alle hautnah erlebt, was passiert, wenn eine Pandemie und – in deren Folge – eine Wirtschaftskrise nahezu gleichzeitig die ganze Welt in Mitleidenschaft ziehen. Die

---

1 World Health Organization. *WHO Coronavirus (COVID-19) Dashboard*: https://covid19.who.int/ (zuletzt abgerufen am 16. Mai 2023).

Coronazeit und deren Regeln haben die Bürger und Bürgerinnen verunsichert und unsere Art zu leben verändert.

Furcht, Unsicherheit, Vorsicht, Risikoabwägung, Abstandhalten, Vermeidung waren und sind prägende Parameter gesellschaftlichen, sozialen und organisationalen Zusammenwirkens.

Zu Beginn ging es in großen und in kleinen Unternehmen, der öffentlichen Verwaltung und insbesondere im Bereich der medizinischen und klinischen Versorgung und andernorts darum, den „laufenden Geschäftsbetrieb" zu sichern.

Während Dienstleistungsbereiche, die ihre Angebote entweder vorübergehend einstellen, auf andere Akteure übertragen oder Tätigkeiten in das Homeoffice verlagern konnten (und dies auch taten), mussten z.B. produzierende Branchen oder Bereiche aus dem Kontext „Daseinsvorsorge" einfach weitermachen!

Fatalerweise waren es Schulen und Kindergärten, die nicht nur kurzfristig, sondern monatelang ihre Türen schlossen. Es waren zudem – und hier sei die Kritik erlaubt – einige Behörden und öffentliche Verwaltungen (ausdrücklich nicht gemeint sind hier die Gesundheitsämter!), die die Dienstleistungen für ihre Bürger*innen rasch und deutlich einschränkten – oder mühsam vom Küchentisch ihrer Mitarbeitenden aufrechterhielten.

Die Betonung liegt hier auf „mühsam" – und damit auf einem prägenden Merkmal der Bewältigung dieser Krise. Neben „mühsam" war eine weitere Determinante der „Mangel".

Entscheidend war hier zunächst der Mangel an Personal, begründet durch Erkrankung oder Quarantäne von Mitarbeitenden bzw. deren Nichtverfügbarkeit wegen der notwendigen Versorgung von Kindern bzw. Homeschooling.

Zeitgleich, jedoch gerade eben nicht korrespondierend mit diesen reduzierten Personalressourcen, waren steigende strukturelle Anforderungen zu erfüllen: es galt, strikte Quarantäneverordnungen in Einrichtungen umzusetzen. Dies bedeutete beispielsweise die Organisation von separierten Bereichen für jeweils positiv bzw. negativ getestete Klient*innen – demzufolge auch separate Mitarbeiterteams, die sich weder begegnen noch sich gegenseitig vertreten durften. Dies hatte zur Folge, dass die jeweils einzelnen Kohorten immer kleiner und die Versorgung, Pflege und Assistenz für die Menschen mit Unterstützungsbedarf immer prekärer wurden.

Für die Eingliederungshilfe kamen Schließungen bzw. Betretungsverbote für Werk- und Tagesstätten hinzu – hierdurch galt es, den dauerhaften Verbleib vieler Personen in ihren Wohnbereichen nicht nur zu organisieren, sondern gleichwohl für eine ungewisse Zeitdauer eine zumindest akzeptable Tagesstruktur sowie bedarfsgerechte Begleitung sicherzustellen.

Für die betroffenen Personen bedeutete dieser Verlust ihres zweiten Lebensortes, ihres Raumes für Arbeit, Beschäftigung, Bildung und Begegnung, einen immensen Einschnitt.

Es gab jedoch auch beeindruckende Gelingens-Faktoren. Dies waren Mitarbeitende, die über sich hinauswuchsen. Dies waren aber auch viele Klientinnen und Klienten, die uns allen in einer Hinsicht viel voraushatten, nämlich: Krisenerfahrung. Deren Geduld, Verständnis und die stete Bereitschaft zum Kompromiss, das Suchen und Finden von Lösungen – auch wenn (fast) alles schwierig ist, war bemerkenswert und ein wichtiger Baustein zur Bewältigung dieser Krise.

Die Auswirkungen dieser Ausnahmesituation auf die Lebenswirklichkeit von Menschen mit Assistenzbedarf haben uns während der Corona-Zeit mit Sorge erfüllt.

Im Sozialwerk St. Georg (Gelsenkirchen) wird anhand einer bestimmten Methode (Personal Outcomes Scale – POS [2]) seit Jahren regelmäßig die Ergebnisqualität der erbrachten Dienstleistungen aus der subjektiven Sicht des Kunden gemessen.

Vor dem Hintergrund der gravierenden krisenbedingten Einschränkungen für alle Bürger*innen, und hierbei insbesondere für Menschen mit Beeinträchtigungen, wurde dieses Messverfahren außerhalb des ursprünglich vorgesehenen Turnus erneut durchgeführt.

In Zusammenarbeit mit der XIT GmbH, Nürnberg, wurden nach dem ersten Lockdown, im Frühjahr 2020 in einer Stichprobe 300 Klientinnen und Klienten zu ihrer individuellen Lebensqualität befragt.[3]

Im Ergebnis war für die Zeit während der akuten Pandemiephasen weder ein signifikantes Absinken der Qualität des Lebens zu verzeichnen noch ein erhöhtes Vorkommen an (psychiatrischen) Krisen oder an sogenannten besonderen Vorkommnissen.

Ein Anstieg dieser und weiterer Krisenparameter war jedoch jeweils im Nachgang zu den heftigen Corona-Phasen mit Lockdowns und Kontaktbeschränkungen festzustellen:

---

2 Bernshausen, G./Löbler, F. (2020): *Innovation personenbezogener Dienstleistungen als Prozess*, Springer VS, Wiesbaden.
3 Sozialwerk St. Georg e.V./xit GmbH (2021) (Hrsg.). *Qualität des Lebens von Menschen mit Assistenzbedarf - trotz Corona-Krise*: https://www.pos-misst-lebensqualitaet.de (zuletzt abgerufen am 16. Mai 2022).

Jeweils in den Sommermonaten 2020 bis 2022 ereigneten sich deutlich mehr derartige Geschehnisse (insbesondere im Bereich Suizidalität sowie Gewalt).

Einrichtungen im Bereich der Altenhilfe und Eingliederungshilfe bemühen sich stets um höchste Transparenz, um eine breite und verlässliche Einbindung von Angehörigen, Ehrenamtlichen und externen Experten sowie die aktive Mitwirkung in Sozialräumen und Quartieren. Viele Maßnahmen zur Pandemie-Prävention, wie z.B. Kontaktbeschränkungen, Besuchs- und Betretungsverbote (inkl. Verzicht auf Vor-Ort-Besuche von Behörden und medizinischen Diensten) waren notwendig. Der Preis dieses Schutzes vor Infektion und schwerer Erkrankung war jedoch, dass die Lebenswelten von pflegebedürftigen Personen und Menschen mit Behinderungen zu geschlossenen Systemen wurden – mit allen Risiken. Hier müssen daher für die Zukunft dringend bessere – d.h. passgenauere – Strategien und Maßnahmen entwickelt werden, und vor allem rechtzeitig vorliegen.

Doch zurück zum Frühjahr 2020: hier war Deutschland schlicht nicht vorbereitet. Das nachgehende und daher zwangsläufig situative Management dieser Ausnahmesituation war zu langsam, zu bürokratisch und wurde zusätzlich durch Unklarheiten über Auftrag, Rolle, Kompetenzen und Reichweite der Akteure auf Entscheiderebene in Politik und Behörden erschwert.

Für die Unternehmen der Gesundheits- und Sozialwirtschaft blieb nichts anderes als: weitermachen! In Windeseile – und das ist eigentlich auch für diese Branche untypisch – mussten pragmatische Lösungen gesucht und gefunden werden. Wir hatten es mit Virusvarianten zu tun, die hohe Risiken für Ansteckung und schwere Verläufe mitbrachten. Die Bilder der Leichentransporte durch das Militär im norditalienischen Bergamo bildeten damals den visuellen Background.

In den Unternehmen der Sozialwirtschaft war allen Akteuren das hohe Risiko für die Klienten und Klientinnen sowie die Mitarbeitenden stets bewusst – das machte die Sache jedoch nicht leichter. Zunächst ging es darum, die Assistenzleistungen überhaupt aufrechtzuerhalten – ohne dass Pandemiemittel wie Masken, Handschuhe und Desinfektionsmittel ausreichend zur Verfügung standen – von Impfungen einmal ganz zu schweigen.

Assistenz am Menschen, Behandlung und Pflege funktionieren nicht aus der Distanz heraus, Homeoffice ist hier kein denkbarer Weg. Es blieb uns nur, so gut es nur irgendwie ging, die Versorgung sicherzustellen und die Gesundheit aller bestmöglich zu schützen.

Es war die Zeit der engagierten, verantwortungsvollen und sich zumeist hohen Werten verpflichtet fühlenden Männer und Frauen, deren gemeinsame Überzeugung geprägt ist von Menschenliebe, Solidarität und Sorge, sowohl um den Einzelnen als auch um das Gemeinwohl. Sie setzten sich ein für eine Sache, die im Zweifelsfall jeweils größer ist als man selbst.

Es bestand permanent das ethische Dilemma, die richtige Entscheidung zwischen Gesundheitsrisiken einerseits und zwingenden Versorgungsverpflichtungen andererseits zu treffen. Die Kombination aus ethischem Dilemma, hoher Komplexität, massivem Zeitdruck und kurzfristigem Entscheidungszwang auf zumeist unzureichender Informationsbasis (Stichwort: „quick and dirty") war anspruchsvoll und mit der Metapher *Management im Ungewissen* nur ungenügend umschrieben.

Für Unternehmen ging es auch darum, eigentlich routinemäßig ablaufende Geschäftsprozesse im Bereich Kreditoren und Debitoren zu organisieren, Rechnungen und Gehälter zu bezahlen – dies bei für diese Krisensituation zumeist unzureichendem Digitalisierungsgrad und (für den Fall, dass alle Buchhalter*innen gleichzeitig ausfallen sollten) zudem möglichst personenunabhängig.

Ungeheuer banal – und zugleich lebensnotwendig – war es beispielsweise, ausreichend Bankvollmachten an vertrauenswürdige Personen zu erteilen, um im Zweifelsfall – d.h. bei hohen Krankheitsausfällen auf allen Ebenen – die Versorgung der Einrichtungen und Dienste über Bargeld – ja, Bargeld! – sicherzustellen.

Im Hinblick auf das – in dieser Krise sehr entscheidende – Thema Digitalisierung dürften einige wenige Unternehmen bereits zuvor gut aufgestellt gewesen sein. In anderen Organisationen hat die Krise kurzfristig kreative Potenziale freigesetzt. Neue Formen des Miteinanders durch Digitalisierung wurden überall in kürzester Zeit geschaffen. Videokonferenzen, Onlineberatung und E-Learning-Formate gehören heute zunehmend zum Alltag. Hier waren Improvisation und Pragmatismus gefragt – und wurden erfolgreich geliefert.

Welche Schlüsse sind aus den Erfahrungen der ersten Pandemiewochen zu ziehen – sozusagen „digital lessons learned"? Damit die Geschäftsabläufe und die Zusammenarbeit der Mitarbeitenden untereinander auch für die nächste Krise – und diese wird kommen – stabil gewährleistet sind, braucht es jedoch die jeweils richtige und idealerweise bereits im Vorfeld etablierte – IT – Infrastruktur. Wichtig dabei ist, dass die Technologien stabil und skalierbar sind. Zudem sollten alle Mitarbeitenden schnellstmöglich in der Lage sein, die neuen Tools und Systeme zu verstehen und anzuwenden.

Luft nach oben besteht zudem noch deutlich bei der Stärkung der digitalen Teilhabe der Klient*innen. Hier sind barrierearme Zugänge und die Befähigung zur Nutzung digitaler Räume zu realisieren.

Im Bereich der Sozialwirtschaft kann man sicher sagen, dass der Digitalisierungsgrad, die Bereitschaft und Fähigkeit der Mitarbeitenden, digitale Tools ganz selbstverständlich zu nutzen, ohne die pandemische Krise wahrscheinlich noch in vielen Jahren nicht so weit wäre, wie jetzt erreicht. Bemerkenswert war zudem, dass die üblichen Widerstände, die normalerweise stets bei der Einführung neuer Technologien zu verzeichnen sind, in diesem Fall weitgehend ausblieben. Der Technologiesprung war sozusagen „alternativlos" und ermöglichte Fortschritt in kurzer Zeit – diese Bereitschaft und Fähigkeit zu innerem Wandel und Transformation gilt es zu erhalten und für die Zukunft möglichst weiter auszubauen.

Krisenmanagement kümmert sich stets um die Abwägung zwischen dem Wünschenswerten und dem Machbaren – erst im Nachgang können wir identifizieren, welche konkreten Maßnahmen sinnvoll und hilfreich waren, und welche keinen Erfolg erbrachten. Hieraus sollten wir alle lernen – und für die Zukunft praxistauglichere Krisenpläne in der Schublade haben. Dies gilt auch für Politik und Verwaltungen.

Die Wissenschaft hat zuvor und auch heute – mitten in der Zeit des Abflauens der pandemischen Brisanz – wiederholt darauf verwiesen, dass diese Pandemie – um im Bild zu bleiben – kein schwarzer, sondern ein weißer Schwan sei. Pandemien hat es in größeren zeitlichen Abständen immer wieder gegeben – und auch die nächste wird kommen.

Aus Sicht des Soziologen Armin Nassehi zeigt sich auch jetzt – im Vorfeld des dritten Corona-Winters – jedoch erneut eine grundlegende Überforderung, bereits dann etwas für die Zukunft vorzubereiten, wenn die Parameter gerade noch nicht so drastisch sind. Das Unvermögen, auf die Corona-Krise zu reagieren, setze sich auch bei anderen Krisen fort. Politik stehe immer unter dem Druck, insbesondere in der jeweils konkreten Gegenwart funktionieren zu müssen, ansonsten fehlten oft Legitimation und Durchsetzungsmöglichkeiten.[4]

All dieser Widrigkeiten zum Trotz: Gesellschaft und Politik müssen im Vorfeld von Krisen entschlossen handeln bzw. bestenfalls bereits gehandelt

---

4 dts Nachrichtenagentur (2022). *Soziologe sieht deutsche Politik kaum gerüstet für Corona-Winter*. regionalHeute.de – News für die Region: https://regionalheute.de/soziologe-sieht-deutsche-politik-kaum-geruestet-fuer-corona-winter-1666207986/ (zuletzt abgerufen am 16. Mai 2023).

haben. Nach der Pandemie ist vor der Pandemie – unser Land, unsere Organisationen und Systeme sollten und müssen beim nächsten Mal deutlich besser vorbereitet sein.

2. Weitermachen – Sozialunternehmerische Perspektiven für die Zeit nach Corona

Corona ist an vielem, jedoch nicht an allem Schuld. Wir haben große Schwierigkeiten, die auch dann große Schwierigkeiten bleiben werden, wenn die Pandemie längst Geschichte ist. Soziale, ökologische und wirtschaftliche Herausforderungen für die Gesellschaft rücken zunehmend ins Zentrum öffentlicher Debatten. Themenfelder wie Erderwärmung, Naturkatastrophen, Armut, Krieg und Vertreibung oder der Mangel an Bildungsmöglichkeiten werden seit Langem diskutiert und mit Fug und Recht als Zivilisationskrise beschrieben. Die Pandemie hat Stärken und Schwachstellen der gesellschaftlichen Systeme weltweit – und damit auch der sozialwirtschaftlichen Strukturen in Deutschland und Europa offengelegt.

Diese Gleichzeitigkeit von Pandemie und Zivilisationskrise macht für die Sozialwirtschaft zweierlei deutlich: Wir waren und sind nicht nur gefordert in der Bewältigung und praktischen Überwindung der Massen-Epidemie, sondern wir werden in der Zukunft zudem relevante -und hoffentlich wirkmächtige- Akteure in der Bearbeitung bislang ungelöster globaler und gesellschaftlicher Herausforderungen sein. Innerhalb des Brüsseler Kreises, der bekannten Kooperation von 13 großen katholischen und evangelischen Trägern der Sozialwirtschaft in Deutschland, wurden hierzu während des ersten Corona-Jahres Analysen und Perspektiven erarbeitet, die im Folgenden kurz skizziert werden sollen.[5]

Die Pandemie ist zu einem Brennglas der ungelösten Probleme geworden, für die unsere Gesellschaften des 21. Jahrhunderts anfällig sind. Dies reicht von der

- Globalen Ebene (Bedrohung der Lebensgrundlagen, soziale Ungleichheit, Migration, Spaltung demokratischer Gesellschaften) über
- Staatenbünde (Handlungsfähigkeit der EU) bis zur
- nationalen Ebene (z.B. Konstruktionsfehler sozialer Systeme, ungleiche Bildung, Gräben zwischen gesellschaftlichen Gruppen, Armut).

---

5 Vgl. Brüsseler Kreis e.V. (2021): *Sozialunternehmerische Perspektiven für die (Post-)Coronazeit. Thesenpapier des Brüsseler Kreises e.V.*, Hamburg.

Während der Pandemie haben sich die Sicherungssysteme in Deutschland als durchaus robust erwiesen. Für die praktische Bewältigung der Krise haben die Unternehmen der Gesundheits- und Sozialwirtschaft in kürzester Zeit die notwendigen Kapazitäten bereitgestellt, flexible und pragmatische Lösungsformate für Mangelsituationen sowie alternative Formen der Leistungserbringung (Stichwort: digitale und hybride Assistenzformate) entwickelt.

Allerdings wurden die bereits zuvor bestehenden und zudem auch weiter anhaltenden großen sozialen Probleme durch die umfassenden staatlichen Kompensationsanstrengungen nur vorübergehend verdeckt. Die nachhaltige Lösung dieser gravierenden Herausforderungen, auch in struktureller Hinsicht, steht für die Zukunft noch an. Während dieser Zeit wurde sehr deutlich, dass ein gesellschaftlicher und politischer Diskurs um die entscheidenden und praxisleitenden Grundrechte und Werte erforderlich und damit zwingend zu führen ist. Gerade in dieser Krisenzeit haben sich gemeinwohlorientierte Unternehmen mit einer klaren und sichtbaren Werteorientierung als zukunftsweisende, fortschrittliche und agile Protagonisten erwiesen.

Insbesondere die klaren Werte – Positionierungen waren hilfreich bei der Auflösung dilemmatischer Situationen – z.B. im Spannungsfeld Gesundheitsschutz versus Würde, Infektionsschutz mittels Kontaktbeschränkung gegenüber Selbstbestimmung oder Gefährdungsvermeidung kontra Wunsch- und Wahlrecht. Verschärft zutage traten jedoch auch sämtliche, und bereits zuvor deutlich sichtbaren, Strukturdefizite, systemische Mängel und viele weitere, bislang unerledigte Hausaufgaben.

Die seit Langem bestehende Personalnot in den helfenden Berufen, die mangelhafte Attraktivität von Tätigkeitsfeldern wie Pflege, Altenhilfe und Assistenz für Menschen mit Beeinträchtigungen wurde deutlich sichtbar – und in Zeiten der Krise einmal mehr zu einem gravierenden Problem. Hierbei ging und geht es jedoch nicht in erster Linie um materielle Anreize, sondern um Verbesserung der Arbeitsbedingungen, um Wertschätzung und gesellschaftliche Anerkennung. Zudem wurde die Krisenanfälligkeit zuwendungsfinanzierter Angebotsbereiche wie Wohnungslosenhilfe, offene Hilfen oder ambulante Beratungsangebote erneut augenfällig.

Das bis dato weitgehend routiniert funktionierende Zusammenspiel des sozialstaatlichen Leistungstransfers (Stichwort: sozialrechtliches Leistungsdreieck) musste während der Pandemie weitgehend durch lineare Beauftragungen (Stichwort: Hands-on) ersetzt werden. Unter den Tempo-Anforderungen einer Krise ist ein solches Vorgehen sinnvoll und, um ein Modewort zu benutzen, „alternativlos". Dies darf jedoch nicht mittelfristig oder gar dauerhaft zum Einsatz kommen, da hierdurch das Wunsch- und Wahlrecht sowie die Selbstbestimmung der betroffenen Person deutlich eingeschränkt wird.

Es heißt, die Krise sei die Stunde der Exekutive – und dies mit allen Konsequenzen. Während der Pandemie wurden in unserem Land die etablierten subsidiären Strukturen deutlich zurückgefahren zugunsten zentraler Richtlinien und Vorgaben. In Deutschland ist nun dringend und rasch r Sorge dafür zu tragen, dass die bereits vormals bestehenden und erfolgreichen Strukturen des Sozialstaates ihre Bedeutung sowie ihre prägende Kraft zurückerhalten.

Dies gilt unternehmerisch vor allem hinsichtlich der Parameter Wettbewerb und Freiheit, sozialrechtlich muss insbesondere das Wunsch- und Wahlrecht der Klienten und Klientinnen im Zentrum stehen. Hierbei geht es insbesondere um die Gewährleistung einer verbindlichen Mitwirkung der betroffenen Person in allen Verfahrensschritten sowie die bedarfsorientierte Flexibilisierung von Leistungen.

Die Gesundheits- und Sozialwirtschaft ist in der Krise tendenziell reaktiv und deutlich sicherheitsfixiert unterwegs gewesen. Gleichwohl – oder vielleicht gerade deshalb – haben die Unternehmen erhebliche Ressourcen zur Pandemiebekämpfung bereitgestellt. Trotz aller Rettungsschirme und Pauschalvergütungen darf jedoch keinesfalls der Eindruck einer Rückkehrbereitschaft zum Selbstkostendeckungsprinzip entstehen. Vielmehr geht es um ein klares Bekenntnis zu einem gemeinwohl- und kooperationsorientierten Unternehmertum, welches einen entscheidenden Baustein für einen lebendigen Sozialstaat darstellt und handelnder Akteur in der Weiterentwicklung dieses Systems ist und bleiben muss.

Ein lebendiger Sozialstaat ist ein „atmender" Sozialstaat, der einer stetigen und zeitgemäßen Erneuerung verpflichtet ist, sowie eine kontinuierliche Überprüfung etablierter Strukturen (Stichwort: soziale Sonderwelten) gewährleistet.

Die Unternehmen der Gesundheits- und Sozialwirtschaft sind aufgefordert und bereit, hier eine aktive Gestaltungsrolle zu übernehmen

Gitta Bernshausen

3. Nichts ist ohne sein Gegenteil wahr [6]

In Krisenzeiten bestehen stets erhebliche Spannungsfelder. Es gilt immer, eine Balance zu finden zwischen beispielsweise dem Zwang zu unverzüglichem Handeln und dem Wahren von Verhältnismäßigkeit. Die Pandemie erforderte stetig die Abwägung zwischen den erforderlichen Beschränkungen, um Menschen vor Infektion zu schützen, und der Verpflichtung, diese Einschränkung der Freiheit von Bürgerinnen und Bürgern zeitlich zu begrenzen und zudem regelmäßig zu überprüfen.

In Bezug auf die Freiheit, so schrieb die Schriftstellerin Nora Bossong, ginge es „im Kern um die simple Frage, wie positive Freiheit zur negativen steht, also die Freiheit, etwas zu tun, zur Freiheit, vor etwas bewahrt zu werden."[7] Auch und besonders in herausfordernden Zeiten sind soziale Leitbegriffe – also große Bilder – wichtig, um ethische Reflexionsprozesse anzustoßen, Entscheidungsprozesse zu erklären und „Maß und Mitte" zu finden. Dies wiederum hilft, die gesellschaftliche Akzeptanz einschränkender Maßnahmen zu sichern, das Vertrauen in staatliches Handeln in der Krise zu erhalten. Große Bilder sind Begriffe wie Freiheit, Gerechtigkeit, Solidarität, Gemeinwohl und einige mehr. Handeln in der Krise muss neben dem aktuellen Momentum auch stets den Abgleich mit den normativen Regeln und den allgemeingültigen Werten berücksichtigen. Die in den Hochzeiten der Pandemie beinahe täglichen – und mitunter sehr ermüdenden – TV-Talkrunden hatten – sofern sie klug orchestriert waren – für das breite Publikum zumindest den Effekt, dass ein breites Spektrum an Positionen deutlich wurde.

Es ging – jenseits der Erfahrung von zwei Virologen, fünf Meinungen – auch darum, die Dichotomie der Entscheidungsparameter, den Umgang mit den offensichtlichen Paradoxien und den Streit um unterschiedliche Positionen, wie dieses Dilemma denn nun aufzulösen sei, öffentlich zu machen. Und natürlich fand in diesen Formaten – neben der Diskussion über Inzidenzen, Intensivbettenbelegung, Masken- und Impfpflicht, Lockdowns und Rettungsschirme – der Abgleich mit großen, das heißt uns leitenden

---

[6] Walser, M. (2012): *Nichts ist ohne sein Gegenteil wahr*, Edition Quartino Hörbuch MP3.
[7] Bossong, N. (2020): *Wir müssen wach bleiben und diskutieren*. ZEIT ONLINE: https://www.zeit.de/kultur/2020-03/persoenliche-freiheit-coronavirus-ausnahmezustand-krisensituation (zuletzt abgerufen am 16. September 2022).

Begriffen statt[8]. Neben der Freiheit war hier auch stets der Begriff der Solidarität für den Diskurs strukturbildend. Solidarität ist stets von den Schwächsten einer Gesellschaft her zu denken. In der Corona-Zeit waren dies insbesondere die sogenannten vulnerablen Gruppen. Beschränkende und schützende Maßnahmen – obgleich deren Notwendigkeit stets kritisch hinterfragt wurde – sind und waren dann gut begründbar und weitgehend akzeptiert, wenn diese nicht mit ökonomischen, rechtlichen oder empirischen Argumenten hinterlegt wurden, sondern mit der vitalen Gefährdung besonders verletzlicher Gruppen.

Der bekannte Mediziner Christian Drosten hat im Jahr 2020 für das Deutsche Literatur Archiv Marbach die Schillerrede gehalten. Hierbei machte er auf einen weiteren, für die Solidarität förderlichen Aspekt aufmerksam:

> „Reicht es – frei nach Schiller – aus, die Menschen auf ihre freie Entscheidung hinzuweisen, in der Pandemie nur aus Neigung und ohne äußeren Zwang das Richtige, Vernünftige zu tun? Werden sie dann freiwillig mitmachen? Oder brauchen wir – frei nach Immanuel Kant – einen eher strengen Hinweis auf Pflicht und Verantwortung?
> Eine Art pandemischen Imperativ: „Handle in einer Pandemie stets so, als seist Du selbst positiv getestet, und Dein Gegenüber gehörte einer Risikogruppe an?"[9]

4. Entwickeln heißt verwandeln

Diese Pandemie hat eine komplexe Krise zahlreicher Systeme ausgelöst. Der Begriff Krise beschreibt eine Situation, in der Grenzen erreicht werden, die sonst mit normalen, d.h. verfügbaren Mitteln beherrscht werden können. Sie ist ein Wendepunkt, der die normalen Prozesse und Abläufe außer Kraft setzt, Entscheidungen und Reflexionen unter Zeitdruck fordert und hierdurch bzw. zugleich die Chance eines Neuanfangs eröffnet – oder diesen auch erzwingt.

---

8 Vgl. Haas, H./Ploß, S. (2021) (Hrsg.): *Chancen begreifen, Soziale Leitbegriffe im Gespräch zwischen Politik und Sozialwirtschaft*, Kohlhammer, Stuttgart.
9 Drosten, C. (2020): *Schillerrede*. Deutsches Literatur Archiv Marbach: https://www.dla-marbach.de/fileadmin/redaktion/Ueber_uns/Schillerrede/Schillerrede_Drosten_2020.pdf (zuletzt abgerufen am 15. September 2022).

Entwickeln heißt verwandeln – in diesem Kontext ist Verwandlung das Ergebnis eines unumkehrbaren Veränderungsprozesses, der dessen Verlauf deutlich in ein „davor" und ein „danach" teilt.

Verantwortung wahrnehmen, verantwortlich mit derartigen Krisen umgehen – dies war und ist Aufgabe aller gesellschaftlichen und politischen Institutionen. Dies betrifft auch und insbesondere die Sozialwirtschaft. Von dort werden grundlegende Maßnahmen wie die medizinische, pflegerische und assistierende Versorgung für Menschen sichergestellt. Die Branche war und ist in dieser Pandemie ein wirkmächtiger Teil der Lösung.

Die – zumeist gemeinwohlorientierten – Unternehmen dieses Bereichs setzen sich zudem für den Schutz und die Interessen besonders vulnerabler Gruppen ein, die von einer konkreten Corona-Erkrankung besonders gefährdet sowie von den Einschränkungen, die die Eindämmung der Infektionszahlen zeitweise erforderten, besonders betroffen sind. Die Positionierungen von Verbänden wie Diakonie, Caritas und anderen und die von dort initiierten intensiven Diskussionen mit der Politik über Fragestellungen wie Betretungsverbote und Ausgangsbeschränkungen, Impfpriorisierungen und Hygienekonzepte, ex-post-Triage etc. waren und sind wesentliche Garanten dafür, die schwächsten Akteure, die besonders benachteiligten Personengruppen, nicht zu vergessen.

Hier Verantwortung zu organisieren bedeutet, die nicht unerheblichen Belastungsproben für die organisationalen Systeme in den Unternehmen erfolgreich zu meistern. Die Organisation des Mangels (Stichwort: fehlende Masken und Desinfektionsmittel zu Beginn der Pandemie), eine enge Steuerung von Ressourcen und Personal, das situative Management der sich nahezu täglich ändernden Auflagen und Verordnungen, erforderten Kompetenz und Resilienz des Führungspersonals, großes Vertrauen der Mitarbeitenden sowie Kunden und Kundinnen in Struktur und Leitung von Unternehmen sowie die Bereitschaft und Fähigkeit der handelnden Akteure zur Entscheidung unter permanenter Unsicherheit. Jedoch, und auch das gehört zur Verantwortung: Wer – jenseits der Krisenstäbe und Pandemie-Arbeitskreise – während einer solchen Krise in längeren Linien denkt und plant, macht sich angreifbar, weil dieses Nachdenken durch die rasche Abfolge der Ereignisse schon morgen widerlegt oder überholt sein kann.

Im Grunde ist er in dieser Hinsicht jedoch demjenigen gleich, der situativ und pragmatisch handelt. Allerdings mit dem Unterschied, dass das Handeln in einer solchen Situation alternativlos ist oder zumindest zu sein scheint, während das Abwägen, die Reflexion, die Betrachtung „vom Ende her" sich erst als alternativlos erweisen muss. Erfolgreiches Krisenmanagement muss eine Balance finden zwischen den beiden Polen eines selbstverliebten Aktionismus auf der einen und dem tatenlosen, verharrenden Nachdenken auf der anderen Seite.[10]

Und auch das haben wir in der Krise gelernt: Die pragmatische und situative Entscheidung – jenseits sorgfältiger und risikoaverser Ausschreibungsverfahren – Pandemie-Masken über dubiose Bezugsquellen, notfalls auf asiatischen Schwarzmärkten, zu überhöhten Preisen und gegen Vorkasse einzukaufen, war zwingend erforderlich und Gebot der Stunde.

Genauso relevant ist es jedoch – insbesondere bei konfessionellen Trägern –, sich über das „Danach" Gedanken zu machen. Dietrich Bonhoeffer hat hierzu geschrieben, dass Christsein heute nur in zweierlei Dingen bestünde: im Beten und im Tun des Gerechten unter den Menschen.[11]

Die Erfahrung hat gezeigt, dass etwas mehr Demut im Handeln, ein wenig mehr Zweifel bei allem Handlungsdruck und eine gewisse Nachdenklichkeit bei aller Hektik für das Erreichen dieser großen Ziele hilfreich sein kann. Die Diskussion über Werte und Leitbegriffe, die Parteinahme für Schwache, die Mahnung zur Verhältnismäßigkeit aller Maßnahmen und der Auftrag, bei allem die Menschen und ihre Bedarfe in das Zentrum zu stellen, darf nicht und niemals zurücktreten hinter dem vermeintlichen Zwang, wonach in bestimmten Situationen der angestrebte Zweck den Einsatz sämtlicher Mittel heiligt.

In einer kleinen „Corona-Verschnaufpause" wie in diesen Sommermonaten des Jahres 2022 wurden die parallelen Katastrophen, die sich aktuell ereignen, nochmals deutlicher sichtbar. Putins Angriffskrieg in der Ukraine und das erneute Erleben eines viel zu heißen und viel zu trockenen Sommers führt erneut vor Augen, dass für uns alle jetzt Entwicklung wirklich Verwandlung bedeuten muss. Es liegt die Vermutung nahe, dass wir es nicht (nur) mit einer Kette von gleichzeitig ablaufenden Katastrophen zu tun haben, sondern dass – anders als vermeintlich bisher immer – die Entwicklung anschließend nicht mehr in einen *status quo ante* münden und danach nicht alles wieder gut wird.

---

10 Vgl. Haas, H.-St. (2020): *Crisis-what Crisis? Persönliche Gedanken zur Corona-Krise aus der Leitungsverantwortung eines diakonischen Unternehmens*, In: Zeitschrift für Wirtschafts- und Unternehmensethik, Lehren aus Corona, S. 285.

11 Bonhoeffer, D. (1998): *Widerstand und Ergebung: Briefe und Aufzeichnungen aus der Haft*. Band 8. Gütersloh: Gütersloher Verlagshaus, S. 435 ff.

Pandemie, Krieg und Klimawandel sind Endlichkeitsphänomene, die wir als solche begreifen müssen, sie sind der Elefant im Raum. Diese Herausforderungen werden wir nicht mit der bisher üblichen Mischung aus Verdrängung, Technik, politischer Entschlossenheit und Geld lösen können. Mit dem Klimawandel kündigt sich die Hölle auf Erden an, mit Kipp-Punkten kann man nicht diskutieren. Der Erhalt unserer natürlichen Lebensgrundlagen ist keine Frage von gut oder böse, von fair oder unfair, sondern eine Frage des Überlebens.

Laut dem Publizisten Heribert Prantl[12] kann es jedoch gelingen, auch im Fegefeuer am Heilwerden der Welt zu arbeiten. Lassen Sie uns alle in lebensdienlicher Weise hierzu beitragen – denn Entwicklung MUSS nun Verwandlung sein.

Literatur

Bernshausen, G./Löbler, F. (2020) Innovation personenbezogener Dienstleistungen als Prozess, SpringerVS, Wiesbaden

Bonhoeffer, D. (1998) *Widerstand und Ergebung: Briefe und Aufzeichnungen aus der Haft.* Band 8. Gütersloh: Gütersloher Verlagshaus, S. 435 ff.

Bossong, N. (2020): *Wir müssen wach bleiben und diskutieren.* 2020. ZEIT ONLINE: https://www.zeit.de/kultur/2020-03/persoenliche-freiheit-coronavirus-ausnahmezustand-krisensituation (zuletzt abgerufen am 16. Mai 2023).

Brüsseler Kreis e.V. (2020): *Sozialunternehmerische Perspektiven für die (Post-)Coronazeit. Thesenpapier des Brüsseler Kreises e.V.,* Hamburg.

Drosten, C. (2020) *Schillerrede.* Deutsches Literatur Archiv Marbach, 2020: https://www.dla-marbach.de/fileadmin/redaktion/Ueber_uns/Schillerrede/Schillerrede_Drosten_2020.pdf (zuletzt abgerufen am 15.September 2022).

dts Nachrichtenagentur (2022). *Soziologe sieht deutsche Politik kaum gerüstet für Corona-Winter.* regionalHeute.de - News für die Region: https://regionalheute.de/soziologe-sieht-deutsche-politik-kaum-geruestet-fuer-corona-winter-1666207986/ (zuletzt abgerufen am 16. Mai 2023).

Haas, H.-St. (2020): *Crisis-what Crisis? Persönliche Gedanken zur Corona-Krise aus der Leitungsverantwortung eines diakonischen Unternehmens,* In: Zeitschrift für Wirtschafts- und Unternehmensethik, Lehren aus Corona, S. 285.

Haas, H.-St., Ploß, C. (2021) (Hrsg.) Chancen begreifen, Soziale Leitbegriffe im Gespräch zwischen Politik und Sozialwirtschaft, Verlag Kohlhammer, Stuttgart (2021)

Prantl, H. (2021): *Himmel, Hölle, Fegefeuer. Eine politische Pfadfinderei in unsicheren Zeiten.* München: Verlag Langen-Müller, S. 488 f.

---

12 Prantl, H. (2021): *Himmel, Hölle, Fegefeuer. Eine politische Pfadfinderei in unsicheren Zeiten.* München: Verlag Langen-Müller, S. 488 f.

Sozialwerk St. Georg e.V./xit GmbH (2021) (Hrsg.). *Qualität des Lebens von Menschen mit Assistenzbedarf - trotz Corona-Krise*: https://www.pos-misst-lebensqualitaet.de (zuletzt abgerufen am 16. Mai 2022).

Walser, M. (2012): Nichts ist ohne sein Gegenteil wahr, Edition Quartino Hörbuch MP3

World Health Organization. *WHO Coronavirus (COVID-19) Dashboard*, 2022: https://covid19.who.int/ (zuletzt abgerufen am 18. September 2022).

WORKSHOP 1:
#VERANTWORTUNG IM WETTBEWERB

Zukunftsmodell Kooperation?

Sven Bartel

Die Sozialwirtschaft durchlebt aktuell schwere Zeiten. Es sind die Menschen, die jeden Tag dafür aufstehen, dass es denen besser geht, die dringend Hilfe benötigen. Sie leiden mit unter Personalmangel und krankheitsbedingten Ausfällen, springen ein, opfern teilweise ihre eigene Gesundheit. Es gibt bereits „weiße Flecken" auf der Landkarte, in denen die Absicherung, z.B. durch Pflegedienste, nicht mehr gewährleistet ist oder nicht mehr in vollem Umfang gewährleistet werden kann.

Doch alles Jammern und Beklagen hilft nicht, zumindest nicht bei den Mitarbeitenden. Gespräche mit Politiker*innen werden bereits auf verschiedensten Ebenen geführt, ein Weg, der ebenfalls wichtig ist, der in diesem Artikel jedoch außen vor bleiben soll. Begeben wir uns stattdessen auf die Suche nach weiteren und anderen Möglichkeiten.

Ein Rückblick: Schon vor Jahren hat sich zwischen der AOK, der BGW und der Diakonie Baden eine Kooperation entwickelt, die heute den Namen *„pulsnetz.de – gesund arbeiten"* trägt. Dahinter steckt die Idee, dass es sinnvoll ist, wenn Mitarbeitende gesund sind und bleiben, ganz gleich, ob damit Arbeitsunfälle vermieden werden, Krankheitstage reduziert werden, oder auch das Miteinander gestärkt wird.

Diese Kooperation ging mit dem *Regionalen Zukunftszentrum KI „pulsnetz.de – gesund arbeiten"*, einem vom Bundesministerium für Arbeit und Soziales finanziertem Projekt, in eine neue Kooperationsdimension. Zum Projektteam gehören

- Verbände (FINSOZ e.V., Verband für Digitalisierung in der Sozialwirtschaft e.V., das Diakonische Werk der Evangelischen Landeskirche in Baden e.V.),
- Universitäten (FernUniversität Hagen, Hochschule für angewandte Wissenschaften Hof, das Institut für Arbeitswissenschaft und Technologiemanagement der Universität Stuttgart),
- Wirtschaftsunternehmen (CAS Software AG, contec – Gesellschaft für Organisationsentwicklung mbH),

- eine Krankenkasse (AOK) und
- die BGW.

Zu was ein Projekt mit so vielen Partnern in der Lage ist, sieht man z.B. an den „Digitalisierungs-Trucks", mit denen die Berater*innen zu den Einrichtungen fahren. Es reicht von der Idee, wie eine gute Lernveranstaltung durchgeführt werden kann, über die Auswahl der Techniken, die im Truck demonstriert werden, bis hin zur Öffentlichkeitsarbeit und dem Andocken an den Themen, die wissenschaftlich begleitet werden. Weder hat ein einzelner Partner die Expertise vollständig im eigenen Haus, noch sind die Kontakte in der Breite vorhanden, die für die Durchführung hilfreich sind. Es geht nur in einem kooperativen Miteinander. Und die Art und Weise, was ein Projekt dieser Art ermöglicht, darf auch Ideen geben, welche Optionen vielleicht noch möglich sind.

Im Detail gibt es Konkurrenz in einigen Themen und Tätigkeiten. Warum funktioniert es trotzdem? Wir haben im Projekt eine Einigkeit über das Ziel: Es geht um Veränderungsprozesse vor allem in den Einrichtungen vor Ort. Überall, wo wir wirken können, wirken wir. Und je mehr davon umgesetzt wird, je mehr Erfahrungen über den Tellerrand des Projektes hinaus geteilt werden, desto mehr hilft es der gesamten Branche. Und auch das ist ein gemeinsames Ziel.

Damit erreichen die Varianten an Kooperationen noch lange kein Ende. Denn über dieses Projekt gibt es Vernetzungen mit anderen Projekten, und noch mehr Ideen, von denen wir gemeinsam profitieren können. Jüngst wurde das Regionale Netzwerk Fachkräftesicherung in der Pflege vom BMAS bzw. der INQA für innovative und strategische Netzwerkarbeit im Pflegewesen ausgezeichnet. Es gibt sie, die Initiativen und Ideen, und wir können davon lernen und brauchen nicht das Rad jedes Mal neu erfinden. Welche Erfahrungen lassen sich umsetzen, welche kopieren oder adaptieren? Wie lässt sich etwas verbessern? Und der erste Schritt dazu ist schon allein die Frage, welche Lösungen in einem anderen Ort funktionieren und welche nicht.

Wird mit einer Kooperation alles wieder automatisch gut? Natürlich nicht bzw. nicht sofort. Der Weg ist länger und er birgt ein paar Fallen, vor allem dann, wenn Kooperationen nicht genutzt werden für ein gemeinsames Win-win, sondern einseitig mehr genommen als gegeben wird, oder wenn die Ziele für gemeinsame Projekte zu unterschiedlich sind, sodass das Seil, an dem in eine Richtung gezogen werden sollte, in einzelne, kraftlose Stränge zerfasert.

In der Schlussrunde des Kongresses ist die Frage gestellt worden, wer sich überhaupt Kooperationen vorstellen könnte. Hierfür zeigte so spontan nicht einmal die Hälfte der Teilnehmenden Bereitschaft. Ich kann nur raten, an was es liegt: Vielleicht sind es schlechte Erfahrungen? Fehlende Ideen? Ein festgezurrtes Bild, wie Sozialwirtschaft funktioniert? Fehlender Kontakt zu anderen Einrichtungen oder Unternehmen?

Ich bin mir sicher, dass ein gemeinsames Vorangehen, ein vertrauensvolles Miteinander und ein ideenreicher Blick über den Tellerrand vieles neu entstehen lassen kann. Sozialwirtschaft wird einen großen Wandel in der Zukunft erfahren. Wer darauf wartet, dass etwas kommt, muss nehmen, was dann da ist. Wer mitgestaltet, wird es leichter haben, die eigenen Ideen zu verwirklichen und solche Veränderungen hervorzubringen, die allen Beteiligten nützlich sind.

Unsere Aufgabe in diesem Projekt wird es sein, Digitalisierung so zum Einsatz zu bringen, dass sie hilft, d.h. immer den Nutzen zu berücksichtigen, z.B. Zeit zu sparen und/oder Prozesse zu vereinfachen. Doch es gibt ganz sicher noch so viel mehr, trauen Sie sich und nutzen Sie die Chancen.

Strategische Partnerschaft in verbandsinternen Netzwerken am Beispiel IT-Infrastruktur

Dr. Rainer Brockhoff

Seit etwa 10 Jahren befasst sich die Kommission Ökonomie der Caritas – eine Kommission der Delegiertenversammlung des Deutschen Caritasverbandes – mit dem Thema Kooperation und Vernetzung aus unternehmenspolitischer Sicht. Die Grundthese der Kommission lautete: Obwohl Kooperationen zwischen gemeinnützigen Unternehmen der Sozialwirtschaft in einer zunehmend komplexeren Umwelt immer vorteilhafter für eine gelingende soziale Arbeit werden, entstehen diese nicht ohne Weiteres. Das gilt besonders für die großen unternehmerischen Herausforderungen dieser Zeit, die Gewinnung von ausreichendem Personal, der Transformation der Unternehmen in die ökologische Nachhaltigkeit und insbesondere auch für die digitale Transformation und deren IT-technische Umsetzung. Aus Sicht der Kommission beobachten wir zunehmend einen Übergang von vorteilhaften Kooperationen hin zu notwendigen Kooperationen für die Zukunftsfähigkeit der Unternehmen – und immer noch kam es nicht zu größeren unternehmenspolitischen Kooperations- und Vernetzungsbewegungen in den Verbänden.

Zunächst haben wir darüber reflektiert, woran das in der Theorie liegen könnte und sind zu folgenden Erkenntnissen gekommen. Bisher gibt es zwar eine umfangreiche Kooperation in den Wohlfahrtsverbänden, diese sind aber in der Regel sozialpolitischer Natur und dienen dazu, gegenüber den staatlichen Instanzen bessere Rahmenbedingungen für die soziale Arbeit zu erreichen. Zusammenschlüsse in den Verbänden sind zwar sehr gut in der anwaltschaftlichen Rolle möglich, wenn es darum geht, sozialpolitisch direkte Vorteile für Menschen mit gesellschaftlichem Unterstützungsbedarf vom Staat zu erstreiten oder gemeinsam gesellschaftlich Finanzmittel für bestehende anerkannte Hilfeformen zu verhandeln. Daneben findet man mögliche strategische, unternehmenspolitische Kooperationen zur gemeinsamen Förderung der Zukunftsfähigkeit frei gemeinnütziger Unternehmen dagegen eher selten.

Beispielsweise sind Kooperationen im Bereich Forschung und Entwicklung in der Sozialwirtschaft unüblicher als in anderen Wirtschaftsbereichen.

Warum ist das eigentlich so?

Das liegt nicht zuletzt daran, dass das zunächst bis Mitte der 1990er-Jahre praktizierte Selbstkostendeckungsprinzip Kooperation nicht notwendig gemacht hat, da man ja auch ohne Kooperation immer ausfinanziert war. So entstanden mehr und mehr fachliche Erbhöfe, die peinlich nach außen abgeschirmt wurden. Um die offensichtlichen Effizienznachteile dieses Systems zu beenden, setzte man ab Mitte der 1990er-Jahre voll auf einen staatlich gesteuerten Wettbewerb der Anbieter. Dieses System hat zunächst seine Vorzüge stark ausspielen können. Es gab starke Entwicklungen hin zu effizienteren internen Prozessen und fachlichen Innovationen im Rahmen des zunächst harten Konkurrenzkampfes. Zug um Zug überlagern allerdings nun die Nachteile dieses Systems seine Vorzüge, weil der Angebotswettbewerb auf einem höchst unvollkommenen Markt mit staatlich gesteuerter Nachfrage stattfindet. Hier sind vor allem zwei Entwicklungen zu nennen: Im System des Angebotswettbewerbs über den Preis wurden weder die Löhne noch die Arbeitsbedingungen so weiterentwickelt, wie es die eigentlich absehbare demografische Wende am Arbeitsmarkt erfordert hätte. Die Personalnot ist inzwischen so groß, dass Angebote eingeschränkt werden, obwohl die Nachfrage nach Versorgungsleistungen steigt. Fast in allen Hilfebereichen sind Wartelisten entstanden, der Angebotswettbewerb kommt zum Erliegen und kann seine Vorzüge gar nicht mehr zur Geltung bringen.

In der ersten positiven Phase des Angebotswettbewerbs war es wenig sinnvoll, unternehmenspolitisch zu kooperieren. Insbesondere die potenteren Rechtsträger wählten die zunächst erfolgreichere Strategie, kleinere Organisationen zu übernehmen, um so eine entsprechend starke Stellung zu bekommen. Nachdem immer deutlicher wurde, dass die Dynamik des Angebotswachstums für die Versorgung nicht mehr ausreiche, reagierte die staatliche Steuerung mit Vorschriften wie Mindestbesetzungsregeln und einer Einführung von komplexen, nur schwer zu kontrollierenden Qualitätsvorschriften. Zudem landen immer mehr Finanzverhandlungen vor den Schiedsstellen. Der bürokratische Aufwand zur Steuerung des Systems ist beständig gestiegen und entzieht dem System weitere wichtige Ressourcen für notwendige Zukunftsentwicklungen

Unter dem Strich bedeutet das, dass nahezu 50 Jahre Kooperation und Partnerschaft in der Sozialwirtschaft systemisch verhindert oder zumindest behindert wurde. Letztlich hat das dazu geführt, dass sich kaum eine Kultur für Unternehmenskooperation entwickeln konnte, sodass wir in der Sozialwirtschaft eben weniger Kooperation beobachten als in anderen

Wirtschaftsbereichen und die Hemmnisse weiterhin sehr hoch sind. Das ist auf der anderen Seite erstaunlich, weil nicht gewinnausschüttende, ausschließlich am Gemeinwohl orientierte Unternehmen systemisch eigentlich wesentlich kooperationsfähiger sind, weil sie sich auf der Werteebene in der Regel schneller verständigen können und alle die Versorgung der Gesellschaft im Auge haben. Vernetzung, Kooperation und Sozialpartnerschaft als sinnvolle Ergänzung zum Angebotswettbewerb in der Sozialwirtschaft neu zu denken bietet die große Chance, offensichtlichen systemischen Fehlentwicklungen entgegenzuwirken.

Die Kommission Ökonomie der Caritas hat daher das Experiment gewagt, für ein besonders naheliegendes Kooperationsthema, dem Aufbau einer gemeinsamen IT-Infrastruktur, zunächst innerhalb der verbandlichen Caritas ganz praktisch initiativ zu werden, um zu schauen, ob auch große Kooperationen gelingen können und dabei zu beobachten, wo die Hemmnisse liegen. Das Vorhaben war erfolgreich, weil erkannt wurde, dass große Unternehmenskooperationen mit vielen Teilnehmern zwar einerseits einen starken Anstoß benötigen, andererseits aber sehr behutsam im Prozess und auf Augenhöhe aufgebaut werden müssen.

Über 130 Rechtsträger mit über 80.000 Mitarbeitern und über 60.000 IT-Arbeitsplätzen haben sich inzwischen als Caritas-Netzwerk IT e.V. auch formal zusammengeschlossen. Das ist wohl die bisher größte Unternehmenskooperation innerhalb der freien Wohlfahrt und bildet eine relevante Größe am IT-Markt. Im Weiteren soll nun reflektiert werden, warum dies einerseits möglich war und wo anderseits immer noch die kulturellen Hemmnisse spürbar sind.

Nach vielen Diskussionen hat sich die Kommission Ökonomie entschieden, strategische unternehmerische Zusammenarbeit dort auf den Weg zu bringen, wo auch der höchste operative Handlungsdruck herrscht. Das ist neben dem Thema Gewinnung und Erhaltung von ausreichend Personal bei der Weiterentwicklung der IT-Infrastruktur derzeit der Fall. Beide Themen können bei rein operativer Herangehensweise ohne Entwicklung von strategischen Perspektiven zu existenziellen Bestandsproblemen für die Unternehmen führen. Gleichzeitig lag beim Thema IT-Infrastruktur die Vermutung nahe, dass viele Vorstände und Geschäftsführungen sehen, dass man zwar externe Unterstützung einkaufen kann, dass dies aber keinesfalls die nachhaltig richtigen Entwicklungen garantieren wird. Es besteht sogar das große Risiko, sich von Beratern abhängig zu machen, ohne die Probleme nachhaltig zu lösen.

Auf Grundlage dieser Erkenntnisse hat die Kommission vermutet, dass sich in einer solchen Situation viele aktiv dazu bekennen könnten, eine Kooperation mit vielen anderen einzugehen, obwohl es hier bisher kaum positive Erfahrungen auf anderen Feldern gibt. Wichtig für den Erfolg war sicherlich, dass für den ersten Schritt des Zusammenkommens die vorsichtigste Form – eine Interessenbekundung – zu einer möglichen Kooperation in welcher Rechtsform auch immer gewählt wurde. Zwar lautete die Überschrift „verbindliches Interessenbekundungsverfahren", die Verbindlichkeit bestand allerdings zunächst nur in der Bereitschaft, gegebenenfalls einen geringen finanziellen Beitrag zur Erarbeitung einer gemeinsamen Vision und strategischen Ausrichtung zu leisten.

Hinzu kam von Anfang an der Mut, groß zu denken. Das war zunächst einer gewissen Logik geschuldet. Die Vermutung lag nahe, dass ab einer gewissen Größe der Kooperation verschiedene Themen besser zu lösen sind als in kleineren Kooperationen, dass es aber gleichzeitig möglich sein wird, auf bereits bestehenden IT-Kooperationen aufzubauen und diese zu integrieren.

Im Einzelnen waren dies folgende Vermutungen:

- Wie sehen eigentlich die geeigneten IT-Arbeitsplätze der Zukunft in der Caritas aus, wenn wir damit rechnen müssen, dass die Digitalisierung nach und nach so gut wie alles Arbeiten in einem caritativen Unternehmen beeinflussen und verändern wird – hier führt vermutlich großes gemeinsam abgestimmtes Handeln zu erfolgreicheren Ergebnissen, als wenn jeder für sich oder in kleinen Gruppen das Rad neu erfindet.
- Make-or-Buy-Entscheidungen bekommen bei ausreichender Größe eine vermutlich andere Dimension, weil „gemeinsames make" andere Möglichkeiten bietet, als wenn das „Make" lediglich im eigenen Rechtsträger organisiert werden kann. Auch beim „Buy" ergeben sich vermutlich andere Möglichkeiten, was das Finden und Beeinflussen geeigneter externer Dienstleister angeht, die für die IT-Ausstattung der Arbeitsplätze notwendig sind.
- Ebenso gibt es die Vermutung, dass man als große Gemeinschaft bessere Preise am Markt erzielen kann.
- Auch haben viele offene Gespräche die These erhärtet, dass die stetig steigende Verantwortung der Vorstände und Geschäftsführungen für IT-Sicherheit und Datenschutz vermutlich gemeinsam besser zu organisieren sei.

Auf dieser Grundlage war von Anfang an klar, dass es einen Kooperationsprozess braucht, der mindestens 30.000 aktuelle IT-Arbeitsplätze umfasst. Diese Größe wurde mithilfe der Unterstützung einer erfahrenen Beratungsgesellschaft erfasst und einerseits als Mindestbedingung gesetzt, anderseits als Anreiz für die Teilnahme an der Kooperation kommuniziert.

In mehreren Onlineveranstaltungen für verschiedene Gruppierungen innerhalb des Verbandes wurde dann mit Unterstützung der Beratungsgesellschaft ein Dreischrittverfahren vorgestellt.

1. Erarbeitung einer gemeinsamen Vision mit dazugehörigem gemeinsamen Strategiebild.
2. Bildung einer formalen Kooperationsform und Erarbeitung eines gemeinsamen Planes zur Umsetzung der Strategie.
3. Gemeinsame Umsetzung der Planung.

Gleichzeitig wurde deutlich gemacht, dass die sofortige Beteiligung am ersten Schritt der Kooperation inhaltlich für die Organisation von Vorteil sein wird. Ebenso wurde von Anfang an kommuniziert, dass alle, die gegebenenfalls später dazu kommen, keine finanziellen Vorteile haben werden.

Auf dieser Grundlage war dann die persönliche Überzeugung von Vorständen und Geschäftsführungen entscheidend. Entschieden haben sich Organisationen mit in der Summe 40.000 IT-Arbeitsplätzen. Diese waren bereit, den ersten Beratungsschritt zu finanzieren und in der Kooperation einen ersten Schritt aufeinander zuzugehen.

Nach einer intensiven Analyse der höchst unterschiedlichen Ausgangslagen der einzelnen Rechtsträger konnte dann tatsächlich zunächst die gemeinsame Vision erarbeitet werden. Die Vision war dann die gute inhaltliche Grundlage für die Präambel der späteren Vereinssatzung.

Aus der Präambel des Caritas-Netzwerk IT e.V.:

> Bei Verwirklichung Ihres Auftrages begegnen die einzelnen Rechtsträger der Caritas stetig steigenden Anforderungen an die Digitalisierung und Vernetzung ihrer Dienste und Einrichtungen. Um die hiermit verbundenen Prozesse zu optimieren, bisher verborgene Synergien zu heben und damit ihre caritative Kernaufgabe zu fördern, sollen heutige und kommende Fragestellungen der Informationstechnologie zukünftig gemeinsam im Rahmen einer innovativen Unternehmenskooperation bewältigt werden. [...] Dies ermöglicht uns in dem Dienst für die uns anvertrauten Menschen und für die Mitarbeitenden mehr Zeit und Qualität zu erreichen. Eine sichere, effiziente und bedarfsgerechte Informationstech-

nologie hilft jedem Mitglied im Rahmen seiner Aufgabenerfüllung. In diesem Sinne haben sich die Mitglieder entschieden, ihre IT-Themen zu standardisieren sowie die digitalen Prozessabläufe zu optimieren.

Auf der Grundlage dieser visionären gemeinsamen Gedanken konnte dann auch trotz der Unterschiedlichkeit der Ausgangslagen bei den einzelnen Rechtsträgern ein gemeinsamer strategischer Rahmen als Grundlage für die weitere Zusammenarbeit entwickelt werden.

Wesentliche Erkenntnisse waren hier, dass die gemeinsame IT-Organisation weit oberhalb einer Einkaufsgenossenschaft liegen müsse. Der Grad dessen, was die Rechtsträger selbst an IT-Leistungen vorhalten und was sie in eine gemeinsame IT-Organisation geben, kann unterschiedlich sein, sollte sich jedoch auf maximal drei Organisationsstufen, z.B. wenig, mittel, viel, beschränken. Ebenso sollte der zu leistende Standard drei Qualitätsstufen mit unterschiedlichen Kostenniveaus beinhalten, etwa Gold-, Silber- oder Bronze-Standard. Letztlich bedeutet das, dass in einem gerade laufenden zweiten Planungsschritt gemeinsam erarbeitet werden muss, wie aus derzeit 133 unterschiedlichen IT-Strategien von 133 Rechtsträgern etwa neun IT-Standards der Zukunft generiert werden können. Das betrifft im Wesentlichen die Themen IT-Infrastruktur der Zukunft als Grundlage des IT-Arbeitsplatzes der Zukunft, der wiederum auf die sinnvollen Applikationen der Zukunft zugreifen können muss.

Mit hoher Wahrscheinlichkeit war die Kooperationsbildung auch deswegen erfolgreich, weil man die Bildung einer geeigneten Rechtsform dann erst im zweiten Schritt angegangen ist. So konnte nicht nur die notwendige inhaltliche Arbeit im ersten Schritt erfolgen, sondern es konnten auch wichtige Erkenntnisse zu den organisatorischen Bedürfnissen der Rechtsträger gewonnen werden, die in die Vereinssatzung aufgenommen wurden.

So wurde letztlich die Idee geboren, den Verein nicht hierarchisch, sondern als Netzwerk gleichberechtigter Partner zu organisieren, in dem man garantierte Mitbestimmungsrechte und je nach Bedarf unterschiedliche Möglichkeiten hat, sich in die Erarbeitung der Umsetzungsstrategie einzubringen.

Schon der Name macht deutlich, dass der e.V. nicht hierarchisch, sondern auf Augenhöhe als Netzwerk funktionieren soll. Das wird formal dadurch erreicht, dass die wesentlichen Entscheidungen nicht im Vorstand fallen, sondern von einem Koordinierungsboard für die Mitgliederversammlung vorbereitet werden. Die Mitgliederversammlung stimmt über die Strategie jeweils doppelt ab. Einmal pro beteiligtem Rechtsträger. Das heißt, ein kleiner Caritasverband mit wenigen Mitarbeitern hat das gleiche Stimmengewicht wie ein großer Rechtsträger mit einigen Tausend Mitarbeitern. Erreicht diese Abstimmung eine Mehrheit von mehr als 50 Prozent der Rechtsträger, wird ein zweites Mal abgestimmt. Nun hat jeder Rechtsträger so viel Stimmen wie er Mitarbeiter beschäftigt. Eine Entscheidung gilt nur als gefallen, wenn auch hier mehr als 50 Prozent der Stimmen erreicht werden. So können weder die kleinen die großen Rechtsträger bzw. die großen die kleinen Rechtsträger dominieren.

Die Satzung des IT e.V. konnte so eine hohe inhaltliche Qualität und formale Verbindlichkeit bekommen. Dazu sind alle in der Gründungsversammlung des e.V. im September 2021 zusammengekommen und haben einstimmig die Satzung beschlossen. Im Prozess der Vereinsgründung konnten sogar noch weitere Mitglieder hinzugewonnen werden, die die Bereitschaft erklärt haben, genau so viel Finanzmittel einzubringen, wie alle, die von Anfang an dabei waren, obwohl sie den ersten Kooperationsschritt gar nicht mitgestalten konnten. Eine frühe Vereinsmitgliedschaft soll somit auf keinen Fall ein finanzieller Nachteil, wohl aber ein organisatorischer Vorteil sein. Das gilt auch für die weitere Entwicklung dieser Kooperation.

So viel zu den wahrscheinlichen Erfolgsfaktoren des Prozesses. Jetzt noch einmal zu dem, was es nach wie vor zu schwer macht, Kooperationen in der Sozialwirtschaft zu stiften.

Insgesamt ist zu spüren, dass die Bereitschaft, in gemeinsame Strategien Geld zu investieren, noch gering ausgeprägt ist. Das zeigt sich daran, dass immer wieder auch sogenannte Quick Wins auf der operativen Ebene eingefordert werden. Zumindest ist die Erwartung, dass der Return on Investment eher zügig funktionieren muss, relativ hoch. Das liegt auch am System unserer Refinanzierung. Die verhandelbaren Finanzmittel für langfristig wirkende Investitionen sind – wenn überhaupt – sehr überschaubar. Unvermeidliche Fehlinvestitionen bei komplexen Entwicklungsprozessen sind überhaupt nicht eingepreist und vermindern die notwendige Risikobereitschaft von Vorständen und Geschäftsführungen.

Ebenso ist es noch sehr ungewohnt, wenn Vorstände und Geschäftsführungen aufgrund von strategischen Kooperationsnotwendigkeiten in Organisationsentwicklungsprozesse der IT-Organisation eingreifen. Die Mitarbeiter in der IT haben zum Teil Angst, ihre Eigenständigkeit zu verlieren oder sind noch zu wenig bereit, Kompromisse zugunsten des Ganzen zu schließen. Die Erfahrungen, dass Kooperationen mittelfristig die eigene Arbeit entlasten, müssen hier erst noch gemacht werden. Viele mittlere bis große Rechtsträger sind gerade selber noch in der Phase, größere

OE-Prozesse durchzusetzen und kämpfen um Standards in der eigenen Organisation. Da wird zusätzliche Standardisierung von außen zum Teil als Überforderung verstanden. Auch ist es nicht leicht, bei den Mitarbeitern Verständnis für strategische Kooperationen zu erzeugen, wenn es operativ gerade Ärger mit der Funktionalität der IT gibt.

Das alles zeigt, dass es nicht ausreichend ist, nur – wie hier im Einzelfall – mit viel Energie verbandlich unternehmenspolitische Kooperationen zu stiften. Es müssen Zug um Zug die kulturellen kooperationsfeindlichen Grenzen ordnungspolitisch abgebaut werden.

Unternehmenspolitische Kooperation und Vernetzung sind eine systemische Herausforderung in den Verbänden sowie für die Gemeinschaft der freien Wohlfahrt und die Sozialwirtschaft als Ganzes. Der in den 1990er-Jahren staatlich gesteuerte Angebotswettbewerb muss um Elemente der Kooperationsförderung ergänzt werden. Alleine wird der Angebotswettbewerb keines der großen Zukunftsthemen der Sozialwirtschaft die Gewinnung von ausreichendem Personal, die Transformation in ökologisch nachhaltiges Wirtschaften und die digitale Transformation lösen.

Alle Beteiligten Partner an der Steuerung des Sozialen – Staat, Kostenträger, Leistungserbringer und Tarifpartner – sind aufgefordert, wettbewerblich Strukturen durch neue partnerschaftliche Strukturen zu ergänzen und dort, wo staatlich gesteuerter Angebotswettbewerb in der Tendenz zu viel Komplexität und Bürokratie führt, zu überlegen, wie eine Komplexitätsreduktion durch den Aufbau von Vertrauen und Partnerschaft bewirkt werden kann. Wettbewerb und Kooperation müssen Zug um Zug in eine Art Gleichgewicht kommen. Dazu können entstehende strategische verbandliche und überverbandliche unternehmenspolitische Kooperationen einen wichtigen Beitrag leisten.

WORKSHOP 2:
#VERANTWORTUNG FÜR DIE GESELLSCHAFT

Gemeinwohl stärken – Potenziale genossenschaftlicher Ansätze für die Sozialwirtschaft

Sebastian Merkle & Patrick Wilk

I. Einführung

Der in gesellschafts- und sozialpolitischen Debatten regelmäßig auftauchende Diskurs über die Gemeinwohlökonomie wird im Sozialbereich in Deutschland vorwiegend in einzelnen Facetten diskutiert. Diesbezügliche Stichworte in der wissenschaftlichen Diskussion und bei bislang wenigen Praxisumsetzungen sind: Sozialbilanzen, Social Reporting Standards, wirkungsorientiertes Investieren bzw. Mission Investing oder auch SROI-Ansätze – Social Return on Investment in Zusammenhang mit der Wirkungsforschung. Im Lichte multipler und gleichzeitiger Krisen werden gemeinwohlökonomische, dem Gemeinwohl dienende Ansätze und deren Potenziale wieder als Ansätze diskutiert.

Im Hinblick auf konkrete Projektumsetzungen in der Praxis (z.B. in Form von Projektpartnerschaften, Rechtsformen eG etc.) spielen Genossenschaftsansätze in diesem Kontext bislang eher eine geringe Rolle. Als gemeinwohlorientierte Kooperations- oder Rechtsform können genossenschaftliche Ansätze für die Sozialwirtschaft jedoch praxisrelevante Möglichkeiten bei der Begegnung aktueller Herausforderungen eröffnen.

Genossenschaften stehen vom Selbstverständnis her für Gemeinschaft, demokratische Kultur, Sicherheit, Stabilität und bieten verschiedene Modelle, die Zukunft in Wirtschaft und Gesellschaft nachhaltig und für die Menschen zu gestalten. Der Blick hierauf zeigt eine sehr große Schnittmenge mit den Werten, institutionellen Normen und dem Selbstverständnis der Freien Wohlfahrtspflege in Deutschland. Genossenschaften und die Freie Wohlfahrt sind in dieser Hinsicht zumindest natürliche Artverwandte im Dritten Sektor. Durch ihre Arbeit leisten beide (un)mittelbar Beiträge zur Förderung des Gemeinwohls und zur Sicherung und Stabilisierung zivilgesellschaftlicher und sozialer Infrastrukturen. Gerade in Krisenzeiten leisten sie hierdurch auch wichtige Stabilisierungsfunktionen.

Die eingetragene Genossenschaft (eG) ist bei kleinen und mittelständischen Unternehmen, bei Freiberuflern sowie im Kontext von Unternehmensnachfolgen im Mittelstand weit verbreitet. Gemeinhin bekannt sind Kreditgenossenschaften, Landwirtschaftliche Genossenschaften und Agrargenossenschaften, Gewerbliche Genossenschaften, Energie-, Immobilien- und Versorgungsgenossenschaften.

In der Sozialwirtschaft stehen Genossenschaftsansätze kaum im Fokus. Für Entscheiderinnen und Entscheider in der Sozialwirtschaft stellt sich bei der strategischen, vorausschauenden Planung mit Blick auf Genossenschaftsansätze daher die Frage: Welche Potenziale bietet der Genossenschaftsansatz als Rechtsform oder Form zur Kooperation mit weiteren Akteuren beim Management aktueller Themen wie Digitalisierung, Wohnraumschaffung, Beschaffung von Schutzausrüstung etc.

Der Workshop gab den Teilnehmerinnen und Teilnehmern hierzu einen praxisorientierten Einblick. Gleichzeitig konnte ein bislang wenig in der Sozialbranche in den Blick genommenes Themenfeld anhand von zwei Praxisbeispielen gemeinsam beleuchtet werden.

Die nachfolgende Verschriftlichung der beiden Praxisbeispiele der beteiligten Organisationen gibt Einblick in

(1) die konkreten Beweggründe und Entscheidungen bei der Wahl für die Rechtsform einer Genossenschaft bei konkreten Managemententscheidungen und in
(2) das Potenzial von Kooperationen zwischen Sozialträgern und Genossenschaften anhand eines konkreten Praxisbeispiels mit dem Fokus Wohnraumschaffung und Immobilienentwicklung.

Der Leitgedanke der nachfolgenden Dokumentation ist: Praxisbeiträge von Führungskräften für Praktikerinnen und Praktiker anzubieten, die sich mit dem Thema Genossenschaft näher beschäftigen wollen.

II. Das Beispiel der Caritas Dienstleistungsgenossenschaft im Erzbistum Paderborn eG (Patrick Wilk, Vorstandsvorsitzender Caritas Dienstleistungsgenossenschaft und Vorstand Caritasverband Paderborn e. V.)

1. Grundsatzüberlegung: Notwendigkeit von Kooperation

In der Vorstandskonferenz der Caritas im Erzbistum Paderborn, in der die 23 örtlichen Caritasverbände sowie die Fachverbände der Caritas vertreten sind, stand das Thema „Kooperation" schon länger auf der Tagesordnung.

Allen Vorstandsmitgliedern bzw. Geschäftsführungen war klar, dass die Herausforderungen immer komplexer werden und immer spezielleres Knowhow benötigt wird, um allen Anforderungen gerecht zu werden. Beispiele hierfür sind die Bereiche IT oder Datenschutz. Die Verbände in einer Größenordnung von 150 bis rund 2000 Mitarbeiterinnen und Mitarbeitern sind in der Regel zu klein, um das benötigte Wissen für diese Bereiche komplett im eigenen Verband vorzuhalten, sodass sich eine Kooperation mit anderen anbietet, um sich nicht zu stark von externen Dienstleistern abhängig machen zu müssen.

Als mögliche Kooperationsformen kommen grundsätzlich die Folgenden infrage:

- die Fusion mehrerer Rechtsträger,
- bilaterale oder multilaterale Kooperationsvereinbarungen zwischen mehreren Trägern oder
- die Gründung eines gemeinsamen Trägers.

Mit einer Fusion erreicht man am schnellsten eine Größe, die eine nachhaltige Entwicklung eines Unternehmens und dessen ökonomisches Überleben ermöglicht. Dafür muss die Selbstständigkeit aufgegeben werden, die aus Sicht der Träger ein hohes Gut darstellt und ein hohes Maß an Nähe zu Klientinnen und Klienten sowie örtlichen Partnern garantiert.

Über Vereinbarungen zwischen einzelnen Trägern erreicht man oft nicht die Verbindlichkeit, die für eine stabile und nachhaltige Entwicklung erforderlich ist. Meist sind solche Absprachen oder Vereinbarungen von einzelnen Personen abhängig. Zudem finden solche Formen der Zusammenarbeit selten auf Augenhöhe statt. Meist ist ein Träger der „Koch" (der Dienstleister) und der bzw. die anderen der oder die „Kellner" (die Kunden). In solchen Konstellationen sind Kooperationsformen häufig labil und stehen und fallen mit Einzelpersonen.

Die Alternative zu den beiden zuvor genannten Kooperationsformen ist die Gründung eines gemeinsamen Rechtsträgers, entweder eines Vereins, einer GmbH oder eben einer Genossenschaft. Auf Basis dieser Reflektionen folgten im Bistum Paderborn zunächst jedoch keine konkreten Handlungsschritte.

2. Erarbeitung eines konkreten Kooperationsmodells

Zwei Jahre später griffen die Vorstandsmitglieder von vier Caritasverbänden das Thema erneut auf und brachten einen konkreten Vorschlag in die Vorstandskonferenz ein. In Kürze lautete dieser: Ein Kooperationsmodell sollte entwickelt werden, an welchem sich theoretisch alle Rechtsträger beteiligen können, die dem Diözesancaritasverband Paderborn als Mitglieder angehören. Der Vorschlag wurde angenommen. Für die dann beschlossene Umsetzung wurde eine Projektgruppe installiert, die in 15 Monaten ein konkretes Geschäftsmodell ausarbeitete. Die Besetzung der Projektgruppe variierte über den Zeitablauf – schlussendlich waren neun Personen beteiligt: sechs Caritasvorstände und drei Abteilungsleiter des Diözesancaritasverbandes.

Die Projektgruppe arbeitete eine Reihe von Themenkomplexen ab. Kernfragen hierbei waren insbesondere:

- In welchen Bereichen soll eine Kooperation erfolgen?
- Wer kann sich an der Kooperation beteiligen?
- Werden Leistungen über einen neu zu gründenden Rechtsträger erbracht oder werden auch Leistungen zwischen einzelnen Verbänden erbracht?
- Welche Rechtsform ist für unser Kooperationsmodell die geeignete?
- Wie soll die Entscheidungsfindung erfolgen?
- Wie bekommen wir genügend Eigenkapital für die neue Firma zusammen?
- Wie sollen die Leistungen finanziert werden?
- Wer trägt die Risiken, die sich aus der Gründung und dem Betrieb ergeben?
- Wie kann die neue Firma verbandspolitisch eingebunden werden?
- Wie sieht die Aufgabenabgrenzung zum Diözesancaritasverband aus?
- Ist die Firma kirchlich oder nicht?
- Wird die Firma gewerblich sein oder gemeinnützig?

Im Ergebnis mündete die Arbeit der Projektgruppe in der Gründung der „Caritas Dienstleistungsgenossenschaft im Erzbistum Paderborn gemeinnützige eG" (im Weiteren cdg – dies ist der heutige Unternehmensname). Bei der Gründung am 19. April 2018 in Dortmund verzeichnete die cdg insgesamt 17 Rechtsträger als Gründungsmitglieder: örtliche Caritasverbände (teilweise mit Tochter-GmbHs), der Diözesancaritasverband Paderborn, einige Fachverbände der Caritas sowie die Bank für Kirche & Caritas

Paderborn. Mittlerweile ist die Zahl der Mitglieder auf 45 gewachsen. Darunter sind auch mehrere Verbände außerhalb des Bistums Paderborn.

3. Wahl der Rechtsform

Als Rechtsform wurde die eingetragene Genossenschaft gewählt. Alternativ wäre entweder die Gründung einer GmbH oder eines eingetragenen Vereins infrage gekommen. Folgende Aspekte sprachen aus Sicht der Projektgruppe jedoch für die Genossenschaftslösung:

- Die Kunden der Firma sind gleichzeitig Eigentümer und bestimmen beispielsweise über das Leistungsportfolio. Durch die Besetzung der Gremien (Vorstand und Aufsichtsrat) ausschließlich durch Verantwortungsträger*innen der Mitgliedsverbände ist eine deutlich engere Anbindung der Geschäftstätigkeit an die Mitgliederinteressen gegeben – im Vergleich zu einer GmbH mit einer angestellten Geschäftsführung.
- Das Solidarprinzip wird in der Genossenschaft hochgehalten. Die größeren Verbände bringen zehnmal so viele Geschäftsanteile ein wie kleine Verbände, haben aber nur das dreifache Stimmrecht.
- Der Ein- und Austritt aus einer Genossenschaft ist sehr einfach. Für den Eintritt ist die Zahlung der festgelegten Geschäftsanteile plus das einmalige Eintrittsgeld ausreichend. Bei einem Austritt werden die Geschäftsanteile zu 100 Prozent unverzinst wieder ausgezahlt. Bei einer GmbH hingegen muss sowohl beim Eintritt als auch beim Austritt eines Gesellschafters eine Bewertung der Firma mit allen damit verbundenen Problemen erfolgen.
- Der Gesetzgeber hat mit der „genossenschaftlichen Rückvergütung" die Möglichkeit geschaffen, Gewinne vor Ermittlung der Steuerlast an die Mitglieder auszuschütten.
- Ähnlich wie in der GmbH kann die Haftung auf die Geschäftsanteile begrenzt werden, wenn in der Satzung eine Nachschusspflicht für die Mitglieder ausgeschlossen wird.
- Eine feindliche Übernahme ist nicht möglich.
- Ein Vorteil speziell gegenüber der Rechtsform des Vereins ist die Möglichkeit zum Aufbau von Eigenkapital durch die Einzahlung von Geschäftsanteilen der Mitglieder.

Die Gremien wurden personell weitgehend aus den Mitgliedern der Projektgruppe gebildet, deren Arbeit mit der Gründung der cdg abgeschlossen war. Drei Personen wurden in den Vorstand gewählt, fünf Personen gingen in den Aufsichtsrat. Eine praxisnahe und übersichtliche Gegenüberstellung verschiedener Rechtsformen findet sich auf der Webseite des Genossenschaftsverbandes – Verband der Regionen (2016).

4. Stakeholder

Bei der Ausarbeitung des Geschäftsmodells war die vorherige Abstimmung mit allen relevanten Stakeholdern zentral. Viele Gespräche wurden im Vorfeld der Gründung geführt, die Satzung auf die verschiedenen Belange ausgerichtet, um bereits im Vorhinein eine breite Akzeptanz bei allen relevanten Gruppen und Akteuren zu erreichen. Der intensive Austausch mit allen Akteuren, welcher während der Projektphase kontinuierlich geführt wurde, bewährte sich in der Folge in vielerlei Hinsicht.

Zu den relevanten Akteuren, mit denen sich die Projektgruppe intensiv austauschte, zählten insbesondere die Folgenden:

- Potenzielle Mitglieder: Zunächst sollte das Modell attraktiv für potenzielle Mitglieder, vor allem die örtlichen Caritasverbände und Fachverbände der Caritas im Erzbistum Paderborn sein. Fragen zum Leistungsportfolio, Mitbestimmungsthemen sowie Fragen zur Mithaftung und Finanzierung wurden geklärt.
- Diözesancaritasverband: Beim Caritasverband für das Erzbistum Paderborn kam die Frage auf, inwieweit diejenigen Aufgaben, welche die cdg künftig übernehmen würde, sich mit denen des Diözesancaritasverbandes überschneiden – und in der Folge etwaige Interessenskonflikte systemisch geklärt werden könnten. Die gefundene Lösung sieht derart aus, dass der Caritasverband im Vorstand vertreten ist, ein Aufsichtsratsmitglied vorschlägt und grundsätzliche Entscheidungen über neue Geschäftsfelder insgesamt nur einstimmig erfolgen können.
- Katholische Kirche: Wo Caritas draufsteht, sollte auch Caritas drin sein. Daher sollte die cdg von Anfang an Teil der katholischen Kirche werden – wie die Caritasverbände mitsamt den hiermit verbundenen Vorgaben: Anwendung der katholischen Grundordnung, Mitarbeitervertretungsordnung (MAVO), Arbeitsvertragsrichtlinien des Deutschen Caritasverbandes (AVR Caritas) etc. Nach einer intensiven Diskussion wurde die Genossenschaft als kirchlicher Träger anerkannt, auch wenn die cdg zunächst eine gewerbliche Firma war. Erst nach der Änderung der Abgabenordnung im Jahr 2021 konnte die Gemeinnützigkeit ab 2022

umgesetzt werden. Entscheidend war zudem, dass die Verantwortlichen im Bistum akzeptierten, dass die Aufsicht über die cdg – bis auf wenige Ausnahmetatbestände – nicht beim Bistum selbst, sondern beim Genossenschaftsverband liegen kann.
- Genossenschaftsverband: Der Genossenschaftsverband – Verband der Regionen, welchem die cdg mit der Gründung formal beitrat, war durch seine fachliche Beratung und Unterstützung bei der Errichtung behilflich. Insbesondere hinsichtlich der Frage, wie das Vorhaben mit den Regeln des Genossenschaftsrechts in Einklang gebracht werden konnte, machte sich diese Beratung bezahlt. Auf der Webseite des Genossenschaftsverbands finden sich viele praktische Informationen rund um das Thema Gründung einer Genossenschaft – beispielsweise neben besagtem Rechtsformvergleich eine Mustersatzung sowie Checklisten für die Gründung (2016).
- Weitere: Neben dem Genossenschaftsverband waren Klärungen mit dem zuständigen Finanzamt Paderborn und dem Genossenschaftsregister vor Gründung der Genossenschaft und vor Eintragung in das Genossenschaftsregister notwendig.

5. Leistungen

Eine Kooperation im Bereich IT und hieraus resultierende Vorteile war die anfängliche Hauptidee für eine engere Zusammenarbeit. Infolge des Inkrafttretens der katholischen Datenschutzordnung (KDO) ab Mai 2018 – zwei Wochen nach Genossenschaftsgründung – startete die cdg mit einem Angebot für den Bereich Datenschutz, das postwendend von 40 Kunden in Anspruch genommen wurde.

In den nächsten Jahren kamen weitere Leistungsangebote hinzu: Die Beschaffung von Elektrofahrzeugen sowie die Beratung beim Aufbau der nötigen Ladeinfrastruktur und Inanspruchnahme von Zuschüssen, der gemeinsame Einkauf und Abschluss von langfristigen Lieferverträgen von grünem Strom und Gas, die Beschaffung nachhaltig produzierter Dienstbekleidung und – in der Corona-Pandemie – die Beschaffung von persönlicher Schutzausstattung, Desinfektionsmittel etc.

Das Leistungsportfolio wird bis heute strukturell und ausgerichtet auf die Bedarfe der Mitglieder weiter ausgebaut. In der Satzung ist festgelegt, dass Leistungen der cdg auch von Nichtmitgliedern in Anspruch genommen werden können.

6. Finanzierung

Die Leistungen werden Kunden und Mitgliedern in Rechnung gestellt. Darüber werden die Overheadkosten der cdg im Bereich Verwaltung und Abwicklung in vollem Umfang refinanziert. Aus diesem Grund wurde von Anfang an auf die Erhebung eines Mitgliedsbeitrages verzichtet. Jeder Träger bzw. jedes Mitglied zahlt nur für die Leistungen, die tatsächlich in Anspruch genommen werden.

7. Mitarbeiterinnen und Mitarbeiter

Die Zahl der Mitarbeiter der cdg ist seit der Gründung von einer Teilzeitkraft auf inzwischen 25 Mitarbeiterinnen und Mitarbeiter gewachsen. Wie in fast allen Branchen ist die Mitarbeiterakquise für das Unternehmen ein limitierender Faktor für dessen Weiterentwicklung.

8. Entwicklungsdynamik

Steht eine Kooperation, entwickelt sich eine eigene Dynamik. Für viele Ideen aus dem Vorstand oder den Mitgliedsverbänden gibt es mittlerweile eine digitale Plattform, über welche Ideen für neue Leistungen der cdg auf die Agenda gebracht werden können. Neue Angebote können so „bottom up" initiiert und etabliert werden, auch wenn zunächst noch unklar ist, inwieweit diese neuen Ideen schlussendlich tatsächlich in Anspruch genommen werden. Ein aktuelles Beispiel für ein solches Dienstleistungsangebot: Die Einrichtung des gesetzlich vorgeschriebenen Meldeweges nach dem Hinweisgeberschutzgesetz („Whistleblower-Richtlinie") als Dienstleistung über die cdg. Hierfür wurde eine spezialisierte Personalstelle geschaffen. Für ein einzelnes Mitglied wäre dies als Testballon kaum wirtschaftlich abbildbar – für die Gemeinschaft mit 45 Mitgliedern hingegen schon.

9. Fazit

Entscheidend für den Erfolg der Gründung der cdg war, dass es von Beginn an mehrere handelnde Personen unterschiedlicher Akteure gab, die vom Mehrwert des Vorhabens für die gesamte Gemeinschaft der Caritas im

Bistum überzeugt waren. Dabei sahen sie in erster Linie nicht nur die eigenen Interessen. Getreu dem Motto: „Das Ganze ist mehr als die Summe seiner Teile" (Aristoteles).

III. Potenziale genossenschaftlicher Ansätze hinsichtlich Kooperationen: Baugenossenschaft und sozialer Träger (Sebastian Merkle, Geschäftsführender Vorstand Baugenossenschaft Familienheim eG)

1. Kooperation zwischen Genossenschaften

Das Thema Kooperationen ist im Bereich der Wohnungsbaugenossenschaften noch eine wenig verbreitete Form der Zusammenarbeit. Dies steht jedoch im Widerspruch zu den Gründungsgedanken der meisten Genossenschaften. Denn bereits der deutsche Sozialreformer, der als einer der Gründungsväter des Genossenschaftswesens gilt, Hermann Schulze-Delitzsch (1808–1883), sagte: „Was man nicht allein durchsetzen kann, dazu soll man sich mit anderen verbinden."

Ein gutes Beispiel für Kooperationen zwischen Genossenschaften ist das Siedlungswerk Baden mit Sitz in Karlsruhe. Es handelt sich um einen Zusammenschluss von 24 Wohnungsbaugenossenschaften, die im Wohnungs- und Städtebau als Vermietungsunternehmen und Verwaltungsdienstleister tätig sind. Das Siedlungswerk Baden e.V. ist eine Vereinigung von Wohnungsunternehmen in der Erzdiözese Freiburg. Als Verbund unterstützt es die Arbeit der Mitgliedsunternehmen, hält und verwaltet dabei jedoch keine eigenen Wohnungsbestände. Das verbindende Element der Mitgliedsunternehmen ist dieselbe Werteorientierung und das Bearbeiten eines gemeinschaftlichen, regionalen Arbeitsfeldes mit gleicher Zielsetzung. Das Siedlungswerk Baden wurde im Jahre 1947 gegründet. Nach unterschiedlichen Rechtsformen hat sich mittlerweile seit mehreren Jahrzehnten die Rechtsform des eingetragenen Vereins für den Verbund etabliert.

2. Kooperation mit einem Sozialträger

Das Themengebiet der Kooperation zwischen einer Wohnungsbaugenossenschaft und einem Sozialträger wird in diesem Beitrag anhand eines Best-Practice-Beispiels der Kooperation der Baugenossenschaft Familienheim eG aus Villingen-Schwenningen mit der Stiftung Liebenau (2022) aus Meckenbeuren beschrieben.

Sebastian Merkle & Patrick Wilk

2.1. Der Beginn der Kooperation

Im Jahr 2006 entschied die Stiftung Liebenau im Landkreis Schwarzwald-Baar, einen neuen Standort zu eröffnen. Dazu sollte ein Doppelgebäude in der Hochstraße des Oberzentrums Villingen-Schwenningen errichtet werden. Darin verortete man 13 Wohnungen mit Wohnflächen zwischen 40 und 140 qm sowie Wohnraum für verschiedene Wohngemeinschaften mit zwei bis vier Bewohnenden. Hierdurch wurde ein integratives Wohnkonzept geschaffen mit sieben bis neun Wohnungen, die für Klientinnen und Klienten mit Unterstützungsbedarf der Behindertenhilfe der Stiftung Liebenau vorgesehen waren, sowie weiteren fünf bis sechs Wohnungen zur Vermietung auf dem freien Wohnungsmarkt. Eigentümerin des Gebäudes sollte der Bauträger sein. Da die Stiftung Liebenau in dieser Region bis dato noch keine Bauprojekte realisiert hatte, suchten die handelnden Personen nach einem ortsansässigen Partner für die Projektentwicklung. Die Wahl fiel nach einem Auswahlverfahren auf die Baugenossenschaft Familienheim eG mit Hauptsitz in Villingen-Schwenningen.

Nach Fertigstellung der Gebäude in der Hochstraße suchte die Stiftung Liebenau am Standort Villingen-Schwenningen nach einem Bürostandort mit Potenzial für die weitere Entwicklung von sozialen Angeboten und Dienstleistungen in der Region. Die Baugenossenschaft Familienheim konnte hier ebenfalls ein passendes Angebot unterbreiten. Somit war der Grundstein für eine Art Bürogemeinschaft in der Pontarlierstraße 9 gelegt, in welcher die Baugenossenschaft Familienheim das erste Stockwerk und die Stiftung Liebenau Teile des Erdgeschosses nach Fertigstellung belegte. Konferenz- und Besprechungsräume werden heute gemeinschaftlich genutzt. Durch die räumliche Nähe entstand über die wachsende Partnerschaft eine Vertrautheit, die in weiteren Ideen für Tandem-Kooperationsprojekte mündete. Ein Beispiel mit Blick auf Beschäftigungsmöglichkeiten für Menschen mit Assistenzbedarf sind z.B. Praktika-Angebote in den Bereichen Gästebetreuung, Verwaltung sowie im hauseigenen Regie- und Hausmeisterbetrieb der Wohnbaugenossenschaft: Klientinnen und Klienten im Praktikum arbeiten hier gemeinsam in Tandems mit Mitarbeitenden der Baugenossenschaft Familienheim.

2.2. Gemeinsamer sozialer Tag

Im Zuge der Partnerschaft wurden mittlerweile mehrere gemeinsame Aktionstage realisiert, an denen Mitarbeitende der Stiftung Liebenau und der

Baugenossenschaft sich zusammen sozialen und gemeinwohlorientierten Projekten vor Ort widmen, wie z.B.

- der Renovierung einer Werkstatt für Menschen mit Mobilitätseinschränkungen,
- die Instandsetzung einer baufälligen Musikmuschel im Stadtpark,
- die Initiierung eines Aufforstungsprojekts (welches infolge der Pandemie bislang noch nicht umgesetzt werden konnte),
- dem Innenanstrich einer Immobilie, in welcher ein Second-Hand-Laden für Bedürftige und eine Werkstatt für Menschen mit Assistenzbedarf untergebracht werden sollen.

An den Aktionstagen werden nicht nur gemeinsame Projekte verwirklicht, es wird zusammen gekocht, gegessen, Hand in Hand gearbeitet – Gemeinschaft wird aktiv gelebt.

2.3. Kooperation im Bereich der (inklusiven) Wohnraumversorgung

Neben dem ersten Haus der Stiftung Liebenau in der Hochstraße in Villingen-Schwenningen baute die Baugenossenschaft Familienheim eG in Villingen-Schwenningen zwischenzeitlich ein weiteres Gebäude in der Vom-Stein-Straße. Dieses beinhaltet 18 Wohnungen und einen Gemeinschaftsraum, davon zwei Wohngemeinschaften für drei Bewohnende. Der integrative Charakter dieses Projektes wird dadurch unterstrichen, dass die angestrebte Bewohnerstruktur eine Durchmischung der Vermietungen an Menschen mit und ohne Assistenzbedarf erreichen soll. Die Klientinnen und Klienten der Stiftung Liebenau werden dabei fachlich begleitet und betreut. Die Stiftung kümmert sich ebenso um den Betrieb des Gemeinschaftsraums sowie die Organisation von Angeboten und Veranstaltungen in diesem.

Des Weiteren wurde ein Wohngebäude mit 20 Wohnungen und einem Gemeinschaftsgarten in der Hechinger Straße in Tübingen errichtet, in welchem Menschen mit Einschränkungen gemeinsam mit Geflüchteten zusammenleben. Die Stiftung Liebenau ist hier wiederum für die fachliche Begleitung ihrer Klientinnen und Klienten zuständig – die Baugenossenschaft kümmert sich um die Gebäudestruktur sowie den Betrieb.

In Tettnang am Bodensee entstanden im Bauprojekt St. Anna-Quartier rund 132 Wohnungen mitsamt vier Wohngemeinschaften für junge Menschen mit Assistenzbedarf. In einer nahe gelegenen Schule können sie inklusive bzw. integrative Bildungsangebote besuchen bzw. zur Schule gehen.

Ein weiteres Leuchtturmprojekt wird derzeit in Villingen-Schwenningen realisiert. Dort entsteht das Luisen-Quartier, bestehend aus 85 Wohnungen, verteilt auf sieben Gebäude. In das Quartier eingestreut, erhält die Stiftung Liebenau Zugriff auf insgesamt 28 Wohnungen für ein ambulant betreutes Wohnkonzept im Bereich der Eingliederungshilfe sowie drei Wohnungen für das Projekt „Begleitete Elternschaft". Die Stiftung Liebenau wird zusätzlich Räumlichkeiten für einen Quartierstreff auf einem der Dächer sowie Therapieräume und ein Büro im Quartier beziehen und betreiben.

2.4. Aktuelles Vorhaben in Tübingen

Beim Projekt „Drei unter einem Dach" kooperieren die private Baugruppe Palazzo, die Stiftung Liebenau und die Baugenossenschaft Familienheim derzeit in Tübingen. Im Rahmen des Projekts werden 32 Kleinstwohnungen zu größeren Cluster-Wohnungen mit großzügig dimensionierten Gemeinschaftsflächen (Küchen, Salons, Arbeitszimmern und Außenbereichen) zusammengeschlossen. Die Stiftung Liebenau wird nach Fertigstellung ca. ein Drittel der Wohnungen für Menschen mit Assistenzbedarf nutzen können sowie Räumlichkeiten für Büros im Erdgeschoss und eine Beratungsstelle für das Angebot „Begleitete Elternschaft" beziehen.

2.5. Eigentumsverhältnisse

Bis auf das erste Projekt der Kooperationspartner in der Hochstraße sind alle im Nachgang beschriebenen Projekt im Eigentum der Baugenossenschaft Familienheim eG. Daher sind auch die Bewohnerinnen und Bewohner über die Stiftung Liebenau obligatorisch jeweils einzeln Mitglied der Baugenossenschaft – ganz im Sinne der Solidargemeinschaft. Die zum Einsatz kommenden Mietverträge sind standardisierte Mietverträge aus der Genossenschaft und verfügen über keinerlei Besonderheiten im Vergleich zu herkömmlichen Mietverhältnissen.

3. Wohnraumschaffung als Zukunftsaufgabe für soziale Träger

Baugenossenschaften (wie zum Beispiel die Baugenossenschaft Familienheim) können ihre bautechnische Kompetenz bei der Weiterentwicklung von Immobilienbeständen und der grundsätzlichen Wohnraumschaffung für Angebote sozialer Träger (wie z.B. der Stiftung Liebenau) einbringen, wie die zuvor skizzierten Beispiele aufzeigen. Vor dem Hintergrund der sogenannten Konversion von Komplexeinrichtungen in der Behindertenhilfe – der Dezentralisierung von Wohnangeboten weg von Zentralstandorten hinein in Städte und Gemeinden in der Fläche – ist dies eine zentrale Kompetenz eines Wohnungsbauunternehmens für einen sozialen Anbieter.

Es geht hierbei aber im weiteren Sinn nicht nur um die Realisierung von einzelnen Bauprojekten, sondern auch um größere, städtebauliche Kontexte. Dies wird am Beispiel des Stammortes Hegenberg der Stiftung Liebenau deutlich. Das vor dem Hintergrund des zuvor geschilderten Konversionsprozesses eigentlich in Teilen bereits zum Abriss freigegebene Zentrum des in den 1970er-Jahren als Kinder- und Jugenddorf errichteten Komplexes wurde von der Baugenossenschaft Familienheim ganzheitlich überplant: Dies beinhaltet eine neue Stadt- und Quartiersplanung, eine Weiterentwicklung der Wohnbebauung der Bestandsgebäude und eine perspektivische Fortentwicklung zusätzlicher Wohngebäude. Zusätzlich wurde die Quartiersinfrastruktur mit Schwimmbad, Kindergarten, Café, Turnhalle, Therapie- und Ärztezentrum, Kirche in die Planung mit einbezogen. Die Baugenossenschaft Familienheim begleitete den Prozess über Workshops hin zur Zieldefinition, die Planung mit Zwischenschritten bis hin zur baurechtlichen Betrachtung. Zusätzlich koordinierte die Baugenossenschaft unterschiedliche Planungsteams für die Stiftung Liebenau und dokumentierte dabei den Gesamtprozess.

4. Fazit: Eine Win-win-Situation

Unschwer ist zu erkennen, dass es bei einer wie der hier skizzierten Kooperation mindestens zwei Nutznießer gibt. Zum einen die Stiftung Liebenau, deren Vorteile aus der Kooperation die Folgenden sind:

- Zugang zu Wohnraum in engen Märkten
- Wohnheime/WG- und Cluster-Wohnungen
- Genossenschaftliche Miethöhen
- Realisierung inklusiver Wohnangebote in Quartieren
- Zugang zu Werkstätten/Büroflächen/Beratungszentren
- Zugang zur Baukompetenz einer Baugenossenschaft

Zweiter Nutznießer ist die Baugenossenschaft Familienheim, deren Vorteile wie folgt zusammengefasst werden können:

- Kooperation mit einem verlässlichen Partner (seit 2006)
- Sicherer Mieter mit sehr guter Bonität
- Gewinn an Sozialkompetenz
- Sozialpartner bei Konzeptvergaben
- Gewerbemieter – teils auch für schwierig vermietbare Flächen
- Imagegewinn/Marketing/soziales Ansehen
- Know-how-Gewinn bei Spezialthemen wie beispielsweise Quartiersarbeit

Vergessen sollte man aber nicht, dass es auch noch dritte Nutznießer in einer solchen Kooperationskonstellation gibt: Stadt- und Dorfgemeinschaften, die Städte und Kommunen selbst sowie die Landkreise. Die Kooperation schafft Arbeitsplätze und Wohnraum für Menschen mit Assistenzbedarf, die sich allein auf dem Wohnungsmarkt schwertun würden. Es entstehen interessante und lebenswerte Wohnquartiere, oft mit regionalem Alleinstellungsmerkmal. Die Werkstätten bieten Arbeit für Menschen mit Assistenzbedarf. Beide Partner setzen in ihrem gemeinsamen Engagement auf Langfristigkeit und Zuverlässigkeit. Somit tragen sie zu einer nachhaltigen Kommunalentwicklung bei.

IV. Links

Baugenossenschaft Familienheim eG (2022): www.bgfh.de (zuletzt abgerufen am: 18.11.2022).

Caritas Dienstleistungsgenossenschaft (2022): www.caritas-cdg.de (zuletzt abgerufen am: 18.11.2022).

Genossenschaftsverband – Verband der Regionen (2016): ww.genossenschaftsverband.de/site/assets/files/60290/5_-_rechtsformvergleich.pdf (zuletzt abgerufen am: 30.11.2022).

Genossenschaftsverband – Verband der Regionen (2022): www.genossenschaftsverband.de/genossenschaft-gruenden/genossenschaft-als-rechtsform/ (zuletzt abgerufen am: 30.11.2022).

Stiftung Liebenau (2022): www.stiftung-liebenau.de (zuletzt abgerufen am: 18.11.2022).

WORKSHOP 4:
#VERANTWORTUNG FÜR VERFAHREN

Verantwortung für Verfahren – Vergaberecht in der Praxis

Dr. Friederike Mussgnug

Die Sozialwirtschaft und das soziale Leistungsgeschehen haben sich mit der Aufgabe des Kostendeckungsprinzips und der Öffnung für gewerbliche Anbieter[1] für den Wettbewerb geöffnet. Seit 2004 hat sich dieser Wettbewerb nochmals deutlich verschärft. Auslöser für diese Verschärfung ist die verbreitete Anwendung von Auftragsvergaben im Sozialrecht. Wo Leistungsträger die Sicherstellung sozialer Leistungen nach dem Muster der öffentlichen Beschaffung abwickeln, verändern sich Rollen, Instrumente und Maßstäbe für die Kooperation zwischen Leistungsträgern und Leistungserbringern gravierend. Die Initiative für den Vertragsschluss, der Vertragsinhalt und die Verfahrensregie liegen einseitig beim Leistungsträger. Dieser schreibt den „Einkaufszettel", legt die Zuschlagskriterien fest und entscheidet, ob er sich auf Verhandlungen einlässt.

Seit 2004 hat sich das Vergaberecht in vielen Aspekten positiv weiterentwickelt. Gleichwohl bleibt es bei der Ausschreibung von sozialen Dienstleistungen bei dem Befund, dass die Auftraggeber die Gestaltungsmöglichkeiten des Rechtsgebietes weitgehend ungenutzt lassen. Es überwiegen Beschaffungen, die an den Bedürfnissen der Klient*innen vorbeigehen und bei denen allein der günstigste Preis über den Zuschlag entscheidet.[2]

Die Freie Wohlfahrtspflege braucht keinen Qualitätswettbewerb zu scheuen, bei dem ihr Know-how in einem Level-Playing-Field zur Geltung kommen kann. Demgegenüber erweist sich die bei Ausschreibungen im Sozialbereich tatsächlich stattfindende Kombination von Preis- und Verdrängungswettbewerb seit nunmehr nahezu 20 Jahren als unverändert kontraproduktiv.[3] Sie benachteiligt alle Beteiligten. Menschen in sozialer

---

[1] Hier war das XI. Buch des Sozialgesetzbuchs mit der Einführung der Pflegeversicherung der Türöffner.
[2] Novakovic, Anuschka. Auswirkungen des Sozialvergaberechts auf das Verhältnis zwischen Leistungsträgern, Leistungserbringern, Leistungsberechtigten und Fachkräften. In: Vergaberecht in der Sozialen Arbeit, Archiv für Wissenschaft und Praxis der Sozialen Arbeit, 1/2022, S. 26 ff.
[3] Novakovic, Anuschka. Auswirkungen des Sozialvergaberechts auf das Verhältnis zwischen Leistungsträgern, Leistungserbringern, Leistungsberechtigten und Fachkräften.

Not erhalten unzureichende Hilfen. Angebote erfahrener Anbieter werden vom Markt verdrängt. Arbeitsverhältnisse mit qualifizierten und engagierten Mitarbeitenden stehen in Frage[4]. Leistungsträger erhalten ungeeignete Leistungen oft von unzuverlässigen, aber preisgünstigen Dienstleistern.

Das Sozialrecht kennt unterschiedliche Formen, mit denen Leistungsträger entsprechend ihrer Strukturverantwortung aus § 17 Erstes Buch des Sozialgesetzbuches (SGB I) soziale Dienstleistungen sicherstellen können und das Europarecht erkennt diese Vielfalt in der Vergabe-Richtlinie 2014/24/EU Artikel 1 Abs. 5 ausdrücklich an.[5] Verantwortung für Verfahren wahrzunehmen bedeutet, bestehende Gestaltungsspielräume zu nutzen, die bei der Ausübung der Strukturverantwortung bestehen, und eine dem Sozialrecht und seinen Werten entsprechende, reflektierte Entscheidung zu treffen.

I. Auftragsvergabe – ein Instrument von vielen in der Toolbox des Leistungserbringungsrechts

§ 17 Abs. 1 Nr. 2 SGB I verpflichtet die Leistungsträger, darauf hinzuwirken, dass die zur Ausführung von Sozialleistungen erforderlichen sozialen Dienste und Einrichtungen rechtzeitig und ausreichend zur Verfügung stehen.[6] Um dies zu erreichen, hält das Sozialrecht eine große Bandbreite von Gestaltungsinstrumenten bereit. Teils gelten für die Auswahl unter Gestaltungsmitteln rechtliche Vorgaben, die bestimmen, wann eine Auftragsvergabe zu erfolgen und wann diese zu unterbleiben hat. Wo solche eindeutigen Weisungen fehlen, liegt die Entscheidung im Ermessen der Leistungsträger.[7]

In: Vergaberecht in der Sozialen Arbeit, Archiv für Wissenschaft und Praxis der Sozialen Arbeit, 1/2022, S. 27 f.

4 Novakovic, Anuschka. Auswirkungen des Sozialvergaberechts auf das Verhältnis zwischen Leistungsträgern, Leistungserbringern, Leistungsberechtigten und Fachkräften. In: Vergaberecht in der Sozialen Arbeit, Archiv für Wissenschaft und Praxis der Sozialen Arbeit, 1/2022, S. 27 f. und 34 f.

5 Artikel 1 Abs. 5 der Richtlinie 2014/24/EG lautet: Diese Richtlinie berührt nicht die Art und Weise, in der die Mitgliedstaaten ihre Systeme der sozialen Sicherheit gestalten.

6 Diese Grundnorm wird in den einzelnen Leistungsgesetzen des SGB für die jeweiligen Leistungsgebiete konkretisiert, s. z.B. § 79 SGB VIII, § 25 SGB IX, 69 SGB XI.

1. Vergabe – gesetzlich gewollt

Wann das Verfahren der Ausschreibungen von Verträgen zur Anwendung kommt und wie dieses abläuft, regelt das Vergaberecht im Gesetz gegen Wettbewerbsbeschränkungen (GWB) und in den ergänzenden Rechtsverordnungen[8], die ihrerseits die EU-Richtlinie 2014/24/EG über die öffentliche Auftragsvergabe umsetzen. Ausschreibungen müssen stattfinden, wenn Bund, Länder, Gemeinden, aber auch Sozialversicherungsträger[9] „einkaufen" (oder haushaltsrechtlich gesprochen: beschaffen) und dazu Bau-, Liefer- oder Dienstleistungsaufträge erteilen. Aufträge im Sinne des Vergaberechts sind bestimmte Vertragstypen, die zwei Merkmale aufweisen: sie sind entgeltlich und exklusiv.

Exklusivität bedeutet, dass der Auftraggeber unter verschiedenen geeigneten Anbietern einen auswählt, der die benötigte Leistung erbringt und

---

7 Dieses Ermessen wird bisweilen als „Beschaffungsermessen" bezeichnet. Dieser Begriff ist für die hier anstehende Frage jedoch ungenau. Denn er verengt die zu treffende Entscheidung bereits begrifflich auf ein bestimmtes Gestaltungsinstrument: die Beschaffung und deren typische Perspektiven. Möglicherweise ist er auch aus der sog. „Beschaffungsautonomie" abgeleitet, die im Rahmen des Vergaberechts das Recht der Auftraggeber bezeichnet, selbst zu bestimmen, wann diese was nach welchen Kriterien beschaffen. Damit betrifft die Beschaffungsautonomie aber allein das „Was" und „Wie", aber nicht das „Ob" der Auftragsvergabe, die hier zur Debatte steht (Schellenberg, Martin, in: Pünder, Hermann/Schellenberg. Vergaberecht Handkommentar 2. Aufl., 2015, zu § 8 VOL EG Rn. 12; i. F. zitiert als Pünder-Schellenberg).
8 Die flankierenden Verordnungen sind die Vergabeverordnungen, die Konzessionsvergabeverordnung und die Sektorenverordnung. Diese regeln Auftragsvergaben oberhalb eines EU-rechtlich festgelegten und regelmäßig aktualisierten Schwellenwertes, der sich nach dem vom Auftraggeber geschätzten Auftragsvolumen richtet. Der Schwellenwert für die Ausschreibung von sozialen Dienstleistungen ist absichtlich hoch angesetzt und liegt bei einem Auftragswert von 750.000 Euro, s. dazu Erwägungsgrund 114 zur EU-Richtlinie 2014/24/EG. Aufträge mit einem Volumen unterhalb des Schwellenwertes brauchen nur deutschlandweit ausgeschrieben zu werden, wobei sich das Verfahren sowohl auf Bundesebene als auch in den meisten Ländern nach der sogenannten Unterschwellenvergabeordnung (UVgO) richtet.
9 Die Definition des öffentlichen Auftraggebers enthält § 99 GWB; der Anwendungsbereich des Vergaberechts erweitert sich zudem, wenn Zuwendungsgeber in den Nebenbestimmungen ihres Förderbescheides die Zuwendungsempfänger zur Anwendung des Vergaberechts verpflichten; s. Plauth, Melanie/Lipinsky, Julia Verpflichtung zur Einhaltung des Vergaberechts in der Förderung. in: Pilarski, Michael (Hg.). Vergaberecht bei Zuwendungen, 2020, S. 53–57

die damit verbundene Vergütung erhält.[10] *Entgeltlichkeit* bedeutet, dass der Auftraggeber mit der Zusage einer Vergütung das wirtschaftliche Risiko für die Auskömmlichkeit und Rentabilität des Geschäfts übernimmt.[11]

Für die Abwicklung dieses Wettbewerbs um staatliche Aufträge[12] hält das Vergaberecht das Ausschreibungsverfahren bereit und schreibt – von wenigen Ausnahmen abgesehen – dessen Anwendung zwingend vor. Auftragsvergaben ohne eine solche Ausschreibung verletzen das Recht der Bieter auf Gleichbehandlung aus § 97 Abs. 6 GWB in gravierender Weise. Gesetzliche Regelungen, die über die europarechtlichen Ausnahmetatbestände hinaus für weitere Fallgruppen auf die Ausschreibung verzichten, sind europarechtswidrig.[13]

Zugleich ist die Reichweite des Vergaberechts begrenzt: es regelt *wie* öffentliche Aufträge auszuschreiben sind und geht dabei von einem weitgefassten, funktionalen Auftragsbegriff aus.[14] Es gibt aber nicht vor, *ob* der Auftraggeber etwas beschaffen soll.[15] Und wie die EU-Vergaberichtlinie ausdrücklich bestätigt, stellt das Vergaberecht es den EU-Mitgliedsstaaten ausdrücklich frei, sich bei der Sicherstellung von sozialen Dienstleistungen anderer Modelle als der öffentlichen Aufträge zu bedienen.

Ob Leistungsträger soziale Dienstleistungen beschaffen müssen, beantwortet allein das Sozialrecht. Es kann die Auftragserteilung ausdrücklich vorschreiben, sie zulassen oder andere Weichen stellen. Ausdrückliche Hinweise oder gar direkte Anordnungen einer Auftragsvergabe sind im

---

10 OLG Düsseldorf, Beschluss vom 11.07.2018 – VII-Verg 1/18 und EuGH Urteil vom 2. Juni 2016 C-410/14 Falk Pharma Rn. 32 und 37, EuGH Urteil vom 1. März 2018, C-9/17, Tirkonnen, Rn. 30 f.
11 De facto reduziert der Auftraggeber diese Zusage allerdings bei Rahmenvereinbarungen und Dauerverträgen, indem er seine Abnahmegarantie auf einen Bruchteil der nachgefragten Summe begrenzt. Die Vergaberechtsprechung akzeptiert ein solches Vorgehen, solange es sich in angemessenen Grenzen hält, s. dazu z. B. OLG Dresden Beschluss vom 2.8.2011 – WVerg 4/11 Streusalz.
12 Zur Natur des Wettbewerbs bei der Auftragsvergabe s. auch Fehling, Michael. in: Hermann/Schellenberg: Vergaberecht, Handkommentar, 3. Auflage, 2019, zu § 97 GWB, Rn. 42 f.
13 Siehe dazu auch die Diskussionen um § 127 Abs. SGB V, so bei Knispel, Ulrich. Neuregelungen im Leistungserbringerrecht der GKV durch das GKV-OrgWG, GesundheitsR 2014, S. 29.
14 Siehe dazu Ziekow, Jan, in: Ziekow/Völlink: Vergaberecht – Kommentar, 4. Aufl., zu § 103 GWB Rn. 3.
15 OLG Düsseldorf Beschluss vom 26. Juni 2018 VII Verg 59/19.

Sozialgesetzbuch dünn gestreut.[16] Die Möglichkeit, soziale Dienstleistungen im Wege der Auftragsvergabe zu regeln, eröffnet § 45 SGB III in Bezug auf Maßnahmen zur Aktivierung und beruflichen Eingliederung; § 194 SGB IX sieht darüber hinaus in Bezug auf die Leistungen von Integrationsfachbetrieben die Beauftragung ausdrücklich vor.

Damit sagt der sog. Vorrang des Vergaberechts, dass öffentliche Aufträge in jedem Fall auszuschreiben sind. Dafür kommt es allein darauf an, ob die Auftragsmerkmale de facto erfüllt sind;[17] das gilt auch, wenn die Exklusivität nicht auf die Auswahl, sondern den Ausschluss einzelner Anbieter abzielt.[18]

Daraus ergeben sich zwei Rückschlüsse. Solange sich Leistungsträger zur Regelung der Leistungserbringung anderer Gestaltungen bedienen, besteht kein Zwang zur Ausschreibung.[19] Zudem betrifft der Vorrang des Vergaberechts nur das „Wie", nicht das „Ob" der Auftragsvergabe, die erst Auslöser für die Ausschreibung ist. Ob bei der Sicherstellung sozialer Dienstleistungen die Auftragsvergabe erfolgen muss oder darf, ergibt sich aus dem Sozialrecht.

2. Der Werkzeugkasten des Leistungserbringungsrechts

Das Sozialrecht gibt Leistungsträgern bei der Gestaltung ihrer Rechtsbeziehung mit den Leistungserbringern eine Bandbreite möglicher Gestaltungsinstrumente an die Hand, unter denen die Auftragsvergabe ein Mittel neben anderen ist. Alle diese Gestaltungsmodelle betreffen auch, aber nicht allein, die Refinanzierung. Es geht um die Organisation von Dienstleistungen

---

16 Erwähnenswert in diesem Zusammenhang ist § 127 SGB V. Seine gegenwärtige Fassung markiert das wahrscheinlich vorläufige Ende einer bewegten Geschichte, in der der Gesetzgeber auf verschiedenen Wegen versucht hat, die Bereitstellung von medizinischen Hilfsmitteln im Wege der Auftragsvergabe einzuhegen. Die gegenwärtige Fassung ordnet ausdrücklich Vertragsverhandlungen mit Leistungserbringern oder ihren Verbänden an und erlaubt alternativ den Beitritt zu bestehenden Verträgen und erteilt damit Auftragsvergaben eine Absage.
17 So OLG Jena, Beschluss vom 09.04.2021, Verg 2/20; Mussgnug, Friederike, in: Pünder/Schellenberg, Vergaberecht, 3. Aufl., zu § 130 GWB Rn. 19.
18 Vgl. OLG Hamburg Beschluss vom 07.12.2007, 1 Verg 4/07.
19 So auch Mussgnug, Friederike. in: Pünder/Schellenberg, Vergaberecht, 3. Aufl., zu § 130 GWB Rn. 19; Bieback, Karl-Jürgen. In BeckOGK SGB III § 45 Rn. 272–291.

insgesamt und dabei spielen die Gestaltung von Auswahlentscheidungen und der Spielraum für Verhandlungen gleichermaßen eine Rolle.[20]

Wichtige und für das Sozialrecht prägende Gestaltungsinstrumente sind die Leistungs- und Vergütungsvereinbarungen im Sinne von §§ 132 ff. SGB V, 78a ff., 123 ff. SGB IX, 85 und 75 SGB XII. Der Abschluss dieser Verträge steht unbegrenzt vielen Leistungserbringern offen, sofern ihre Angebote den Eignungsanforderungen entsprechen. Diese Verträge unterscheiden sich in einem weiteren wesentlichen Punkt von öffentlichen Aufträgen: sie regeln nur Modalitäten der Refinanzierung, begründen aber keinen unmittelbaren Zahlungsanspruch der Leistungserbringer und sind damit unentgeltlich.[21]

Dieses auf ein Nebeneinander unterschiedlicher Leistungskonzepte angelegte Vertragskonstrukt ist ein wesentliches Element des sogenannten sozialrechtlichen Dreiecksverhältnisses. Das sozialrechtliche Dreiecksverhältnis entsteht, wenn die Nutzer der Leistung einen Rechtsanspruch auf diese haben. Mit einem solchen Rechtsanspruch geht das Wunsch- und Wahlrecht[22] einher, das seine Wirkung nur entfalten kann, wenn die Wahlberechtigten tatsächlich eine Auswahl unter verschiedenen Leistungskonzepten haben.

In dieser Dreiecksbeziehung kommen den einzelnen Rechtsverhältnissen jeweils eigene, aufeinander abgestimmte Funktionen zu.[23] Die Leistungs- und Vergütungsvereinbarungen stellen sicher, dass die Leistungen, die die Leistungsträger gewähren und die Leistungsberechtigten in Anspruch nehmen, wirtschaftlich und angemessen vergütet sind. Zugleich gewährleisten

---

20 von Kries, Caroline. Arbeitshilfe – Vergaberecht für die Praxis, Neue Caritas Spezial (2018), S. 4.; Momm, Claudia/Wennig, Paula. Instrumentenkasten für die Finanzierungsoptionen von sozialen Dienstleistungen, in Vergaberecht in der Sozialen Arbeit. Archiv für Wissenschaft und Praxis der Sozialen Arbeit 1/2022; S. 60.

21 Mussgnug, Friederike in: Pünder/Schellenberg, Vergaberecht, 3. Aufl., zu § 130 GWB Rn. 25f.; Anna Droste-Franke, Claudia Momm, Paula Wennig. Instrumentenkasten für die Finanzierung sozialer Dienstleistungen. In: Vergaberecht in der Sozialen Arbeit, Archiv für Wissenschaft und Praxis der Sozialen Arbeit, 1/2022, S. 64; anders mit weiteren Nachweisen: Wegener, Bernhard, Pünder, Hermann. In: Pünder/Schellenberg, Vergaberecht, 3. Aufl., zu § 103 Rn. 16.

22 Geregelt in z.B. § 5 Abs. 2 SGB VIII, § 8 SGB IX oder § 9 SGB XII.

23 S. hierzu insbesondere die Abhandlung von Volker Neumann/Dörte Nieland/Albrecht Philipp Erbringung von Sozialleistungen nach Vergaberecht 2004, Rixen, Stephan. Das Grundrecht auf glaubenskonforme Gewährung von Sozialleistungen, SRaktuell, 2017, S. 212 ff., 213; Glahs, Heike / Rafii, Michael. Das Verhältnis des neuen Kartellvergaberechts zur Leistungserbringung nach den Sozialgesetzbüchern II, VIII und XII, SRa 2016, S. 169, S. 170 ff.

sie die Diversität der Angebote. Da sie keinen Zahlungsanspruch der Leistungserbringer begründen, belasten sie die Budgets der Leistungsträger nicht.[24] Der Zahlungsanspruch entsteht erst, wenn einzelne Leistungsberechtigte einen Dienstleistungsvertrag abschließen, dem die Leistungsträger dann beitreten.[25]

Mit dieser Zielsetzung sind die Leistungs- und Vergütungsvereinbarungen wesentlicher Bestandteil des sozialrechtlichen Dreiecksverhältnisses und nicht beliebig durch andere Vertragsgestaltungen wie insbesondere öffentliche Aufträge ersetzbar.[26] Solche Umgestaltungen verändern das austarierte Leistungsgefüge einseitig zulasten der übrigen Beteiligten und verletzen damit das Sozialrecht.[27]

Die sozialrechtlichen Leistungs- und Vergütungsverträge sind aber nicht auf diese besondere Konstellation festgelegt. Sie kommen auch ohne einen solchen Leistungsanspruch der Nutzer in Betracht und ermöglichen auch dann eine plurale Angebotslandschaft.

Weitere Gestaltungsmöglichkeiten sind die Förderung durch Zuwendungsmittel. Hier fördert und finanziert der Leistungsträger Projekte oder Institutionen, deren Ziele und Arbeit auch in seinem Interesse liegen. Typischerweise bedient sich der Leistungsträger hier eines einseitigen Förderbescheides. Da er die erwünschte Tätigkeit des geförderten Unternehmens nicht einklagen kann, stellt eine solche Förderung keinen entgeltlichen Vertrag und keinen Auftrag dar.[28]

Ein drittes, im Zusammenhang mit der Sicherstellung sozialer Dienstleistungen allerdings unübliches Modell sind die sogenannten Open-House-

---

24 BSG Urteil vom 23.7.2002, Az.: B 3 KR 63/01 R Rn. 35
25 Siehe auch BSG Urteil vom 2. Juli 2003 Az.: B 3 KR 63/01 R Rn. 31 f.
26 LSG Bayern Urteil vom VGH Bayern 6.12.21 12 CE 21.2846 und LSG NRW Urteil vom 23.3.2022 L 12 SO, OLG Düsseldorf Beschluss vom 27. Juni 2018 VII Verg 59/19; so auch Droste-Franke, Anna, Momm, Claudia, Wennig, Paula. Instrumentenkasten für die Finanzierung sozialer Dienstleistungen. In: Vergaberecht in der Sozialen Arbeit, Archiv für Wissenschaft und Praxis der Sozialen Arbeit, 1/2022, S. 64; Mussgnug, Friederike. Pünder/Schellenberg, Vergaberecht, 3. Aufl., zu § 130 GWB Rn. 27; Glahs, Heike, Rafii, Michael. Das Verhältnis des neuen Kartellvergaberechts zur Leistungserbringung nach den Sozialgesetzbüchern II, VIII und XII, SRa 2016, 169, S. 175 ff.
27 VGH Bayern Urteil vom 6.12.21 – 12 CE 21.2846 und LSG NRW Urteil vom 23.3.2022 L 12 SO, OLG Düsseldorf Beschluss vom 27. Juni 2018 VII Verg 59/19.
28 OLG Düsseldorf Beschluss vom 11.07.2018 – VII-Verg 1/18 und EuGH Urteil vom 2. Juni 2016 C-410/14 Falk Pharma Rn. 32 und 37, EuGH Urteil vom 1. März 2018 Tirkonnen, C-9/17, Rn. 30 f.

Geschäfte. Hierbei handelt es sich um Beschaffungsvorgänge und Verträge, die der Leistungsträger einseitig gestaltet und denen Leistungserbringer beitreten können, wenn sie die Anforderungen des Leistungsträgers erfüllen. Dieses Modell ist im Rahmen des SGB V für die Beschaffung von Arznei- und Hilfsmittel entwickelt worden. Da hier die exklusive Auswahl der Vertragspartner entfällt, brauchen diese Verträge nicht ausgeschrieben zu werden.[29] Für die Gestaltung von komplexen sozialen Dienstleistungen erscheint der weitgehende Ausschluss von individualisierten Angeboten der fachkundigen Anbieter oder gar Verhandlungen problematisch.

II. Strategische Ermessensausübung bei der Entscheidung über die Sicherstellung von Sozialleistungen

Wenn weder explizite Anordnungen einer Auftragsvergabe noch bestehende Leistungsansprüche die Leistungsträger auf ein bestimmtes Vorgehen bei der Sicherstellung von sozialen Dienstleistungen festlegen, sind sie in der Auswahl unter den vorstehend vorgestellten Modellen frei. Allerdings sind sie bei ihrem gesamten Handeln an das geltende Recht gebunden. Dies und ihre Verantwortung für Verfahren gebieten, dass ihre Entscheidung die Grundsätze des Sozialrechts berücksichtigt und sich in diesen Rahmen einfügt.

Ohne eine solche Einpassung der Leistungserbringung in den sozialrechtlichen Rahmen gefährden insbesondere Ausschreibungen nicht nur die vorfindliche soziale Infrastruktur, sondern auch den mit Vergaberecht an sich zu fördernden Wettbewerb, die Qualität der benötigten sozialen Dienstleistungen und die effektive Hilfe in sozialen Notlagen. Zwar werden sich auch im Rahmen des Dreiecksverhältnisses ungeeignete und unrentable Angebote nicht behaupten können. Allerdings tritt im Wettbewerb um exklusiv vergebene Aufträge für soziale Dienstleistungen mit dem Nachfragemonopol der Leistungsträger[30] ein besonderer Faktor hinzu, der die üblichen Auswirkungen exklusiver Auswahlentscheidungen erheblich

---

29 OLG Düsseldorf Beschluss vom 13.08.2014 (VII-Verg 13/14) Rn. 31 ff; EuGH Urteil vom 2.6.2016, C-410/14 Falk-Pharma, Rn. 32 ff
30 Sell, Stefan. Vergabe von Aus- und Weiterbildungsdienstleistungen, in: GEW Schwarzbuch S. 27 ff., Frankfurt, 2014; Novakovic, Anuschka. Auswirkungen des Sozialvergaberechts auf das Verhältnis zwischen Leistungsträgern, Leistungserbringern, Leistungsberechtigten und Fachkräften. In: Vergaberecht in der Sozialen Arbeit, Archiv für Wissenschaft und Praxis der Sozialen Arbeit, 1/2022, S. 32.

verschärft und den Auftraggebern eine besondere Verantwortung für die Folgen ihrer Entscheidung auferlegt.

1. Maßstäbe für die Ermessensausübung

Um solch negative Auswirkungen auf die soziale Infrastruktur zu vermeiden, können sich Ermessensentscheidungen darüber, wie Leistungsträger die Erbringung sozialer Dienstleistungen gestalten, an folgenden Grundprinzipien ausrichten:

Der *Grundsatz der Wirtschaftlichkeit* ist nicht nur ein Leitprinzip des Haushaltsrechts. Er ist auch im Sozialrecht leitendes Kriterium für den Abschluss von Leistungs- und Vergütungsvereinbarungen und begegnet in nahezu allen Büchern des SGB (§§ 78a ff SGB VIII, 123 ff SGB IX; §§ 82 ff SGB XI). Der Grundsatz stellt sicher, dass bei den zugelassenen Angeboten Leistung und Aufwand in einem angemessenen Verhältnis zueinander stehen.[31] Ein weiteres Instrument zur Sicherstellung eines wirtschaftlichen Leistungsgeschehens ist der Zuschnitt der individuell bewilligten Sozialleistungen durch den Leistungsbescheid. Damit verfügt das Sozialrecht über hinreichende systemimmanente Instrumente, um die Wirtschaftlichkeit sozialer Arbeit sicherzustellen. Relevant ist auch die Verteilung des wirtschaftlichen Risikos: Dieses tragen im Rahmen des Dreiecksverhältnisses die Leistungserbringer[32]. Denn sie erhalten eine Refinanzierung nur, soweit sie ihre angebotenen Leistungen auch tatsächlich erbringen. Damit belasten Leistungs- und Vergütungsverhandlungen Leistungsträger deutlich weniger als Auftragsvergaben, die stets mit einer (wenngleich oft eingeschränkten) Annahmegarantie und damit auch Vergütungsleistung einhergehen.[33]

Eine Verengung des Wirtschaftlichkeitsbegriffs auf eine Sparsamkeit, die statt auf Kosteneffizienz allein auf die billigsten angebotenen Preise abstellt, leistet Dumpingangeboten Vorschub. Die auf diese Weise ausgelösten

---

31 Boetticher, Arne von. LPK-SGB XII zu § 75 Rn. 9; Schindler, Gila. Frankfurter Kommentar zu § 78b SGB VIII Rn. 14, BVerwG Urteil vom 1.12.1998 – 5 C 17/97, BVerwGE 108, 47 ff.; BSG Urteil vom 7.10.2015 – B 8 SO 21/14 R, BSGE 120, 51.

32 Die Verteilung des wirtschaftlichen Risikos und dessen Übernahme durch den Auftraggeber ist ein wesentliches Merkmal für die Entgeltlichkeit des Auftrags; s. zu diesem Merkmal EuGH Urteil vom 13. Oktober 2005 C-458/03 Parking Brixen, Rn. 40, EuGH Urteil vom 11. Juni 2009 C-300/07 – Oymanns, Rn. 37; so auch OLG Hamburg Beschluss vom 07.12.2007, 1 Verg 4/07.

33 BSG Urteil vom 2. Juli 2003 Az.: B 3 KR 63/01 R Rn. 31 f.

Preiswettbewerbe gefährden insbesondere die Dienstleister, deren Angebote qualitativ hochwertig und sozial nachhaltig sind, weil sie Arbeitsplätze sichern und dem Fachkräftemangel entgegenwirken.[34]

Wie die Wirtschaftlichkeit ist auch der *Wettbewerb* im Sozialrecht selber angelegt. Allerdings funktioniert dieser Wettbewerb nach sozialrechtsimmanenten Gesichtspunkten. Soweit ein Wunsch- und Wahlrecht besteht, entscheiden die Leistungsberechtigten und damit diejenigen über den Wettbewerbserfolg, die die eigentliche Nachfrage haben. Die Rolle der Leistungsträger beschränkt sich darauf, die Strukturverantwortung für ein hinreichendes Angebot wahrzunehmen und die Wirtschaftlichkeit der Angebote sicherzustellen. Die Leistungsträger greifen deutlich weniger in die wirtschaftliche Existenz der Anbieter ein und ermöglichen deutlich mehr leistungsfähigen Unternehmen, ihre jeweiligen Leistungskonzepte anzubieten. Insofern lässt sich beim sozialrechtsimmanenten Wettbewerb auf der Grundlage von Leistungs- und Vergütungsvereinbarungen von einem inklusiven Wettbewerb sprechen.

Weitere wichtige Leitprinzipien des Sozialrechts sind das *Subsidiaritätsprinzip*, das es den Leistungsträgern verwehrt, selber Leistungen zu erbringen, „soweit geeignete Einrichtungen und Dienste Dritter vorhanden sind, ausgebaut oder in Kürze geschaffen werden können" (so § 17 Abs. 1 SGB II, § 4 Abs. 2 SGB VIII).[35]

Die Regelungen des Subsidiaritätsprinzips im Sozialgesetzbuch gehen in der Regel mit einer weiteren Zusage an die soziale Infrastruktur einher: diese geht dahin, die Träger der Freien Wohlfahrtspflege bei ihrer Tätigkeit *angemessen zu unterstützen* (§ 17 Abs. 1 SGB II, § 5 Abs. III SGB XII) bzw. mit diesen *partnerschaftlich zusammenzuarbeiten* (§ 4 Abs. 1 SGB VIII). Ein Vorgehen, das einem marktbeschränkenden Verdrängungswettbewerb Vorschub leistet und damit den Bestand einer pluralen und diversifizierten Angebotslandschaft infrage stellt, steht im Widerspruch zu diesen Zusagen.

---

34 Novakovic, Anuschka. Auswirkungen des Sozialvergaberechts auf das Verhältnis zwischen Leistungsträgern, Leistungserbringern, Leistungsberechtigten und Fachkräften. In: Vergaberecht in der Sozialen Arbeit, Archiv für Wissenschaft und Praxis der Sozialen Arbeit, 1/2022, S. 27 f und 33 f.

35 Siehe die bereits frühe und deutliche Absage an ein Monopol des Staates bei sozialen Dienstleistungen, BVerfG Urteil vom 18.7.1967 2 BvF 3/62, 2 BvF 4/62, 2 BvF 5/62, 2 BvF 6/62, 2 BvF 7/62, 2 BvF 8/62, 2 BvR 139/62, 2 BvR 140/62, 2 BvR 334/62, 2 BvR 335/62, Rn. 88; die verschiedenen Facetten des Subsidiaritätsprinzips behandelt das Sonderheft Subsidiaritätsprinzip, Hrsg. Cremer, Georg, Griep, Heinrich, Schwerdtfeger, Stephan, von Kries, Caroline. Neue Caritas Special, März 2017

Schließlich verankert bereits das SGB I in § 33 Satz 2 ein grundsätzliches *Wunsch- und Wahlrecht*, das die einzelnen Leistungsgesetze weiter ausgestalten[36]. Es verpflichtet die Leistungsträger, angemessenen Wünschen von Berechtigten bzw. Verpflichteten zu entsprechen. Das Wunsch- und Wahlrecht ist ein wichtiger Ausdruck der Subjektivität der Einzelnen im Rahmen der sozialen Leistungsverfahren.[37] Diese Relevanz, die das Sozialrecht den Wünschen der eigenverantwortlichen Hilfebedürftigen beimisst, begründet eine besondere Rechtfertigungsbedürftigkeit für Modelle, die solche Wahlmöglichkeiten einseitig zur Disposition der Leistungsträger stellt.

Das Sozialrecht enthält damit viele Orientierungspunkte für die Ausübung des Gestaltungsermessens. Da das Vergaberecht seit 2016 deutlich flexibler geworden ist, schließen die vorstehend beschriebenen Gesichtspunkte die Auftragsvergabe als Instrument der Leistungserbringung nicht a priori aus. Der Leistungsträger sollte sich ihrer aber nur bedienen, wenn er auch gewillt ist, die vergaberechtlichen Spielräume zu nutzen, um die Beschaffung bestmöglich in den Wertungsrahmen des Sozialrechts einzufügen. Eine öffentliche Ausschreibung, bei der der Leistungsträger die Anforderungen einseitig diktiert und seine Entscheidung ausschließlich am Kriterium des geringsten Preises ausrichtet, widerspricht nicht nur den Prinzipien des Sozialrechts. Sie bleibt hinter den Möglichkeiten des Vergaberechts zurück und birgt ein erhebliches Risiko, öffentliche Mittel an den eigentlichen Bedürfnissen der Zielpersonen vorbei ineffizient und damit unwirtschaftlich zu verschwenden.

2. Strategische Fragestellungen

Leistungsträger, die über die Gestaltung der Leistungserbringung entscheiden können und müssen, sollten sich deshalb folgende strategische Fragen stellen:

---

36 S. z.B. § 5 Abs. 2 SGB VIII, § 8 SGB IX oder § 9 SGB XII.
37 Siehe Beckmann, Janna, Münder, Johannes. In: Frankfurter Kommentar 9. Auflage zu § 5 SGB VIII Rn. 1 ff.; Jabben, Jürgen. in: Neumann/Pahlen/Greiner/Winkler/Jabben, SGB IX Kommentar zu § 8 Rn. 1 – 3; Roscher, Falk in: Bieritz-Harder/Conradis/Thie, Sozialgesetzbuch XII Kommentar zu § 9 Rn. 20 ff.

a) Welchen Wettbewerb wollen wir?

Ein exklusiver Wettbewerb behält die refinanzierten Leistungserbringungen wenigen, vom Leistungsträger ausgewählten Anbietern vor. Vor der Entscheidung für die Beschaffung sollte der Leistungsträger die absehbaren Auswirkungen eines solchen Wettbewerbs auf die soziale Infrastruktur vor Ort einschätzen. Aber auch bei der exklusiven Auftragsvergabe ermöglicht die Bildung von Gebietslosen, dass die Nutzer*innen jedenfalls eine gewisse Auswahlmöglichkeit vorfinden. Dies sollte also mindestens erfolgen.

b) Welche Qualität wollen wir?

Die Aufgabenverteilung im subsidiären Sozialstaat weist den Leistungserbringern die fachliche Konzeption und praktische Ausführung der Dienstleistungen zu. Damit entsteht bei diesen eine deutliche Konzentration von fachlichem Wissen, Know-how und praktischer Erfahrung. Die Leistungsträger müssen mithin klären, auf welchem Weg dieses Wissen in die Gestaltung der Leistungen einfließen kann.

Bei der Auftragsvergabe schaffen die vom Vergaberecht ermöglichten Verhandlungs- und Dialogverfahren (Verhandlungsverfahren, wettbewerblicher Dialog oder Innovationspartnerschaft nach §§ 17 bis 19 Vergabeverordnung oder Verhandlungsvergabe nach § 12 Unterschwellenvergabeordnung) einen Weg für einen transparenten Austausch zwischen Auftraggeber und Bietern. Auch wenn die Vergabeverfahren so etwas aufwändiger werden, sollten Auftraggeber ihn unbedingt nutzen und so die eigenen Vorstellungen für die Leistung zusammen mit den Bietern konkretisieren.

Wichtige Gesichtspunkte der Qualität sind z.B. die Kontinuität des Hilfeprozesses und die sozialräumliche Vernetzung der Leistungserbringer. Zeitlich zu kurz bemessene Förderzeiträume oder Vertragslaufzeiten können Hilfeprozesse unterbrechen und zurückwerfen. Zugleich ist darauf zu achten, ob ggf. Auswahlentscheidungen relevante Leistungsnetzwerke stören.

c) Welche Nachhaltigkeit wollen wir?

In einem wichtigen Aspekt ist das geltende Vergaberecht fortschrittlicher als das im Sozialrecht verankerte Vertragsrecht: ausgehend von § 97 Abs. 3 GWB lassen viele Einzelvorschriften des Vergaberechts die Berücksichtigung von Nachhaltigkeitsgesichtspunkten zu. Diese Öffnung bewirkt, dass soziale und ökologische Aspekte in die Angebotswertung und die Suche nach dem wirtschaftlichsten Angebot einfließen können.[38] Eine solche Klarstellung fehlt im Sozialgesetzbuch noch. Vielmehr enthalten insbesondere die Rechtsgrundlagen für steuerfinanzierte Fürsorgeleistungen ausdrückliche Hinweise auf Sparsamkeit, die die Leistungsträger ausdrücklich auf das Prinzip festlegen, den bezweckten Nutzen mit einem möglichst geringen Mitteleinsatz zu erreichen.[39]

Trotz dieser weitgehenden Gestaltungsspielräume machen Leistungsträger bei der Ausschreibung sozialer Dienstleistungen viel zu wenig von diesen Möglichkeiten Gebrauch.[40] Viele soziale Dienstleister und Verbände machen sich selber auf, um CO_2-Emissionen zu reduzieren und ökologisch nachhaltig zu arbeiten. Leistungsträger sollten die Chance nutzen, bei Ausschreibungen nachhaltige Arbeit aktiv einzufordern. Für eine solche Gestaltung stellen die Bundesregierung und die EU eine große Bandbreite an Unterstützung bereit.[41] Wenn Leistungsträger diese abfragen, können sie Erfahrungen sammeln, die dem gesamten Bereich sozialer Dienstleistungen zugutekommen würden.[42]

III. Zeitpunkt für die strategischen Erwägungen

Strategische Weichenstellungen über die Ausrichtung der Leistungserbringungen sind im Vorfeld konkreter Ausschreibungsverfahren zu diskutieren. Insofern bieten bestehende Begegnungsplattformen von öffentlichen und freien Trägern einen guten Rahmen, um diese Fragen zu diskutieren. Erörterungen über die eine mögliche Notwendigkeit, Ausschreibungen ein-

---

38 Mussgnug, Friederike, Grosse, Ralf. Nachhaltige Beschaffung sozialer Dienstleistungen. In: Vergaberecht in Praxis der Sozialen Arbeit, S. 53 f.
39 Zum Minimalprinzip s. v. Boetticher, Arne, in: Bieritz-Harder/Conradis/Thie (Hsg.), Sozialgesetzbuch XII Kommentar zu § 75 Rn. 9.
40 Zu diesen Möglichkeiten s. Mussgnug, Friederike, Grosse, Ralf. Nachhaltige Beschaffung sozialer Dienstleistungen. In: Vergaberecht in der Sozialen Arbeit, S. 53 f.
41 Siehe hierzu insbesondere die folgenden Internetportale: https://www.kompass-nachhaltigkeit.de/, https://www.engagement-global.de/, https://www.nachhaltige-beschaffung.info/DE/Home/home_node.html (zuletzt abgerufen am: 11. April 2023).
42 Siehe dazu auch die ausführliche Sammlung von Fallbeispielen für sozial nachhaltige Beschaffungen in: Fallbeispiele für erfolgreiche Making Socially Responsible Public Procurement Work: #WeBuySocialEU May 2020 71 Good Practice Cases: Teppe, Philipp, McLennan, Ashleigh, Hirt, Rafael, Defranceschi, Peter, Caimi, Valentina, Elu, Alexander, 2020: https://op.europa.eu/en/publication-detail/-/publication/69fc6007-a970-11ea-bb7a-01aa75ed71a1 (zuletzt abgerufen am: 11. April 2023).

zuführen, müssen alle Akteure zusammenbringen, die von einer solchen Entscheidung betroffen sind.

Ein Vorgehen im Wege der Auftragsvergabe muss mit der Bereitschaft einhergehen, die Möglichkeiten des reformierten Vergaberechts für die nachhaltige Beschaffung zu nutzen. Kommunen, die Nachhaltigkeitsstrategien verabschiedet haben[43], müssen insoweit konsequent sein und diese dann auch bei der Ausschreibung sozialer Dienstleistungen zum Tragen bringen.

IV. Fazit

Das Sozialrecht kennt eine große Bandbreite von Verfahren, mit denen der Sozialstaat seinen Aufgaben gerecht werden sowie soziale Leistungen rechtzeitig und ausreichend bereitstellen kann. Diese Bandbreite ermöglicht es ihm, in unterschiedlichen Ausgangslagen und Zielsetzungen adäquat vorzugehen.

Ob die Auftragsvergabe ein adäquates Mittel ist, bedarf noch einer Evaluation, die auch die Nebenwirkungen dieses Instruments für die soziale Infrastruktur abwägt. Die Diskussion über die Sinnhaftigkeit dieses Instruments gewinnt an Ausgewogenheit, wenn die Auftragsvergabe gewissermaßen in einen Wettbewerb der Gestaltungsmittel gestellt wird, in dem die Wertungsnote nicht allein von der Eignung zur Preiskontrolle, sondern von der Förderung des Leistungszwecks und der Verträglichkeit mit den Wertungsentscheidungen des Sozialrechts abhängt. Dieser Wettbewerb findet letztlich immer statt, wenn die Gestaltung der Leistungserbringung im Ermessen der Leistungsträger liegt. Bei ihrer Auswahlentscheidung sollten Leistungsträger sich von zwei Gedanken leiten lassen: Die umsichtige Abwägung aller Optionen nutzt allen Beteiligten. Und nichts ist so unwirtschaftlich und wird der Verantwortung für Verfahren weniger gerecht als eine schlecht vorbereitete Beschaffung ineffizienter Leistungen, mit der der Leistungsträger einen billigen, aber unzuverlässigen Anbieter beauftragt.

---

43 Unterstützung bei der Entwicklung einer solchen Nachhaltigkeitsstrategie bietet folgendes Internetangebot: https://skew.engagement-global.de/kommunale-nachhaltigkeitsstrategien.html und
https://skew.engagement-global.de/musterresolution-agenda-2030.html (zuletzt abgerufen am 11. April 2023).

Literaturverzeichnis

Beckmann, Janna, Münder, Johannes. Kommentierung zu § 5 SGB VIII. In Frankfurter Kommentar zum SGB VIII, Hrsg. Münder, Johannes, Meysen, Thomas, Trenczek, Thomas, 9. Auflage 2022

Bieback, Karl-Jürgen. Kommentierung zu § 45 SGB III. In Beck Online Großkommentar zu SGB III, Hrsg. Gagel, Alexander, GesamtHrsg: Knickrehm, Sabine, Deinert, Olaf, Stand: 01.06.2021.

Boetticher, Arne von. Kommentierung zu § 75 Rn. 9 SGB XII. In Sozialgesetzbuch XII Lehr- und Praxiskommentar, Hrsg. Bieritz-Harder, Renate, Conradis, Wolfgang, Thie, Stephan, 12. Aufl., 2020

Droste-Franke, Anna, Momm, Claudia, Wennig, Paula. Instrumentenkasten für die Finanzierungsoptionen von sozialen Dienstleistungen, in Vergaberecht in der Sozialen Arbeit. Archiv für Wissenschaft und Praxis der Sozialen Arbeit 1/2022.

Fehling, Michael. Kommentierung zu § 97 Gesetz gegen Wettbewerbsbeschränkungen. In Vergaberecht Handkommentar, Hrsg. Pünder, Hermann, Schellenberg, Martin, 3. Auflage, 2019

Glahs, Heike, Rafii, Michael. Das Verhältnis des neuen Kartellvergaberechts zur Leistungserbringung nach den Sozialgesetzbüchern II, VIII und XII. In Sozialrecht Aktuell 2016, S. 169 ff.

Jabben, Jürgen. Kommentierung zu § 8 SGB IX. In Sozialgesetzbuch IX Rehabilitation und Teilhabe behinderter Menschen, Hrsg. Neumann, Dirk, Pahlen, Roland, Winkler, Jürgen, Jabben, Jürgen, 13. Aufl., 2018

Knispel, Ulrich. Neuregelungen im Leistungserbringerrecht der GKV durch das GKV-OrgWG. In GesundheitsR 2014, S. 29.

Mussgnug, Friederike, Grosse, Ralf. Nachhaltige Beschaffung sozialer Dienstleistungen. In: Vergaberecht in Praxis der Sozialen Arbeit

Mussgnug, Friederike. Kommentierung zu § 130 Gesetz gegen Wettbewerbsbeschränkungen. In: Pünder, Hermann, Schellenberg, Martin. Vergaberecht Handkommentar , 3. Aufl. 2019

Novakovic, Anuschka. Auswirkungen des Sozialvergaberechts auf das Verhältnis zwischen Leistungsträgern, Leistungserbringern, Leistungsberechtigten und Fachkräften. In: Vergaberecht in der Sozialen Arbeit, Archiv für Wissenschaft und Praxis der Sozialen Arbeit, 1/2022,

Plauth, Melanie und Lipinsky, Julia. Verpflichtung zur Einhaltung des Vergaberechts in der Förderung in Pilarski, Michael (Hsg.). Vergaberecht bei Zuwendungen, 2020, S. 53 - 57

Rixen, Stephan. Das Grundrecht auf glaubenskonforme Gewährung von Sozialleistungen, SRaktuell, 2017, S. 212 ff

Roscher, Falk. Kommentierung zu § 9 SGB XII in In Sozialgesetzbuch XII Lehr- und Praxiskommentar, Hrsg. Bieritz-Harder, Renate, Conradis, Wolfgang, Thie, Stephan, 12. Aufl., 2020

Schellenberg, Martin. Kommentierung zu § 8 VOL EG. In: Vergaberecht Handkommentar, Hrsg. Pünder, Hermann, Schellenberg, Martin. 2. Aufl., 2015

Schindler, Gila. Kommentierung zu § 78b SGB VIII. In Frankfurter Kommentar zum SGB VIII, Hrsg. Münder, Johannes, Meysen, Thomas, Trenczek, Thomas, 9. Auflage 2022

Sell, Stefan. Vergabe von Aus- und Weiterbildungsdienstleistungen, in: GEW Schwarzbuch S. 27 ff., Frankfurt, 2014;

Teppe, Philipp, McLennan, Ashleigh, Hirt, Rafael, Defranceschi, Peter, Caimi, Valentina, Elu, Alexander. Making Socially Responsible Public Procurement Work: #WeBuySocialEU May 2020 71 Good Practice Cases:, 2020: https://op.europa.eu/en/publication-detail/-/publication/69fc6007-a970-11ea-bb7a-01aa75ed71a1.

Volker Neumann, Dörte Nieland, Albrecht Philipp. Erbringung von Sozialleistungen nach Vergaberecht 2004

von Kries, Caroline. Arbeitshilfe – Vergaberecht für die Praxis, Neue Caritas Spezial (2018)

Wegener, Bernhard, Pünder, Hermann. Kommentierung zu § 103 Gesetz gegen Wettbewerbsbeschränkungen. In Vergaberecht Handkommentar, Hrsg. Pünder, Hermann, Schellenberg, Martin, 3. Aufl., 2019

Ziekow, Jan. Kommentierung zu § 103 Gesetz gegen Wettbewerbsbeschränkungen. In Ziekow, Jan / Völlink, Uwe-Carsten Vergaberecht – Kommentar, 4. Aufl., 2020

Vergaberecht in der Praxis: Trägervielfalt und soziale Nachhaltigkeit in der Leistungserbringung

Thomas Thieme

In der Daseinsvorsorge, die jahrzehntelang durch eine institutionelle Förderung und/oder freihändig vergebene Zuwendungsvereinbarungen bestimmt wurde, vollzieht sich nach der Öffnung als „sozialer Dienstleistungsmarkt" und der Reform des Vergaberechtes durch die Europäische Union 2014 und die Umsetzung dieser Rechtsnormen in nationales Recht (Vergabeverordnung) im Jahr 2016 ein Paradigmenwechsel, der jedoch nicht in allen Regionen und Bundesländern gleichermaßen abläuft.

In Brandenburg verzeichnet die Sozialwirtschaft eine sehr starke Tendenz der öffentlichen Verwaltungen, Aufgaben der Daseinsvorsorge nach Vergaberecht auszuschreiben. Dies bezieht sich nicht nur auf Dienstleistungen, die dem Grunde nach einen öffentlichen Auftrag voraussetzen, wie z.B. in Teilen des SGB III und SGB IX, sondern auch auf Aufgabenbereiche, die im SGB II, SGB VIII und SGB XII geregelt sind.

Durch die Ausschreibungen nach der Vergabeverordnung (VgV) oder der Unterschwellenvergabeverordnung (UVgO) entstehen in der Praxis häufig Situationen, die dazu führen, dass langjährig gewachsene soziale Infrastrukturen, Netzwerke und Kooperationsbeziehungen der Träger der Sozialen Arbeit in Gefahr geraten oder im schlimmsten Fall verloren gehen. Dies wirkt sich jedoch sehr negativ auf die Qualität der sozialen Dienstleistungen aus, da erst die sozialräumliche Vernetzung und die fallspezifische und fallübergreifende Kooperation zwischen den verschiedenen Fach- und Regeldiensten sowie Projekten dazu führt, ganzheitliche und tragfähige (nachhaltige) individuelle Hilfen anzubieten und soziale Netze zu konstruieren, die die Klientel auch dauerhaft dabei unterstützen, ihren Alltag weitgehend unabhängig und autonom zu gestalten.

Dies liegt zum einen daran, dass die Vertragslaufzeiten für die über die Ausschreibungen vergebenen Leistungen selten vier Jahre überschreiten, in den meisten Fällen sogar noch kürzer ausfallen – mit optionalen Verlängerungsmöglichkeiten. Somit bleibt einem neuen Leistungserbringer nur wenig Zeit, sich und sein Angebot im Sozialraum zu etablieren und eine umfangreiche Vernetzung und Kooperation aufzubauen. Zum anderen kommen dadurch auch Träger zum Zuge, die bisher noch nicht im Sozialraum präsent waren oder die mit zweifelhaften Methoden oder Rahmenbedingungen aufwarten.

Dies soll das folgende Beispiel illustrieren: In einem brandenburgischen Landkreis hat ein Diakonischer Träger über 20 Jahre lang eine Gemeinschaftsunterkunft für Geflüchtete betrieben, die sich in der Fachöffentlichkeit einen hervorragenden fachlichen Ruf erarbeitet hatte, der weit über den Landkreis und das Land hinaus bekannt war. Mit der Spezialisierung auf die Unterbringung von traumatisierten Geflüchteten haben sich die Mitarbeitenden der Gemeinschaftsunterkunft auch durch umfassende Weiterbildungen und langjährige Praxiserfahrungen ein komplexes Fachwissen angeeignet. Die Einrichtung war umfassend in der Stadt und im Landkreis vernetzt, die Zusammenarbeit mit Migrationssozialdiensten und anderen Fach- und Regeldiensten verlief reibungslos.

Da das Gebäude, in welchem die Gemeinschaftsunterkunft verortet war und welches dem Landkreis gehört, nach 20 Jahren Betrieb stark sanierungsbedürftig geworden ist, wurde eine neue Immobilie für die Einrichtung gefunden, die auch eine Verdoppelung der Platzkapazität vorsah. Statt eines Umzuges der Gemeinschaftsunterkunft in die neue Immobilie und die Erweiterung der mit dem Träger abgeschlossenen Vereinbarung, um die zusätzlichen Plätze vorzunehmen, hat sich der Landkreis entschieden, die alte Unterkunft zu schließen und den Betrieb des neuen Heimes nach der VgV europaweit auszuschreiben.

Den Zuschlag hat nicht der bisherige Betreiber der Gemeinschaftsunterkunft erhalten, der sich auch an der Ausschreibung beteiligt hat, sondern ein gewinnorientiertes Unternehmen, dem ein sehr zweifelhafter Ruf anhaftete, der durch diverse Schlagzeilen in der Presse und damit zusammenhängende strafrechtliche Ermittlungen gegen leitende Mitarbeitende des Unternehmens begründet wurde.

Drei Monate nach Beginn der Leistungserbringung sah sich der Landkreis gezwungen, den Vertrag mit dem Unternehmen außerordentlich zu kündigen, weil die Leistungserbringung nicht vertragsgemäß erfolgte, insbesondere wurde nicht die erforderliche, per Landesaufnahmegesetz (LAufnG) festgeschriebene Anzahl an Fachkräften eingesetzt.

Als Fazit ist festzuhalten: der bisherige Betreiber musste die Unterkunft und damit seine Dienststelle schließen und die langjährig tätigen, gut qualifizierten und erfahrenen Mitarbeiter*innen entlassen. Diese sind in andere Tätigkeitsbereiche oder zu anderen Trägern gewechselt, da sie die angebotenen Stellen beim neuen Betreiber abgelehnt haben. Ihre Expertise steht somit für die Beratung und Betreuung in diesem Kontext nicht mehr zur Verfügung, die sozialräumliche Vernetzung und Kooperation ist dadurch beendet worden. Eine offene Frage ist zudem, wie es dem erfolgreichen Bieter gelingen konnte, im Angebot eine Qualität darzustellen, die er in der Praxis offensichtlich nicht annähernd zu leisten im Stande war. Am Ende hat der Landkreis unter Missachtung des Subsidiaritätsprinzips die Betreibung der Unterkunft selbst übernommen.

Grundsätzlich soll an dieser Stelle das Vergaberecht nicht „verteufelt" werden. Ein gut durchdachtes und sorgfältig fachlich vorbereitetes Vergabeverfahren stellt ein weitgehend objektiviertes und an wettbewerblichen Grundsätzen ausgerichtetes Instrument dar, um den für die Leistung bestmöglich geeigneten Anbieter zu finden, sofern es sich um eine exklusiv zu erbringende soziale Dienstleistung handelt. Nicht das Vergaberecht stellt im Hinblick auf die Vergabe sozialer Dienstleistungen das Problem dar, sondern die Anwendungspraxis desselben. Einige Aspekte diesbezüglich sollen im Folgenden erläutert werden: Bei der Entscheidung, wie eine soziale Dienstleistung vergeben wird, unterliegt die zuständige öffentliche Verwaltung einem pflichtgemäßen Ermessen. Sofern sich die Anwendung des Vergaberechts nicht durch die gesetzliche Grundlage zwingend ergibt, muss die Verwaltung in Ausübung ihres pflichtgemäßen Ermessens prüfen, ob die Art und Form der Leistung eine exklusive Leistungserbringung notwendig macht und somit einen öffentlichen Auftrag voraussetzt. Ist dem nicht so – was wohl in den allermeisten Fällen zutreffen wird, hat die öffentliche Verwaltung die freie Entscheidung über die Form und Art der Vergabe. Sie kann sich für eine Anwendung des Vergaberechtes entscheiden – oder dagegen. Beides ist völlig legitim und rechtmäßig.

In der Praxis ist jedoch häufig zu beobachten, dass in die Entscheidung über die Art und Form der Vergabe einer Leistung die zuständigen Fachämter (z.B. Sozialamt) nicht oder nicht umfänglich einbezogen werden, sondern die Vergabestellen die Festlegung treffen, dass die VgV oder die UVgO angewandt werden „müssen". Die Vergabestellen kennen jedoch in den meisten Fällen die den Leistungen zugrunde liegenden sozialrechtlichen Regelungen nicht oder nur oberflächlich. Wenn dann z.B. die LIGA der Wohlfahrtsverbände nachfragt, warum in diesem oder jenem Fall das Vergaberecht angewandt wurde, obwohl aus ihrer Sicht auch andere Möglichkeiten bestanden hätten, wird häufig postuliert, dass man nach Vergaberecht ausschreiben müsse, „weil die Vergabestelle oder das Rechtsamt dies so festgelegt hätten". Dies ist Ausfluss dessen, dass die Sozialrechtler in den

Fachämtern eben umgekehrt wenig Kenntnis vom Vergaberecht haben und deshalb auch nicht intervenieren, wo es möglicherweise angebracht wäre.

Die Vergabeverfahren im Bereich der sozialen Dienstleistungen stellen gegenüber den gewerblichen Dienstleistungen, Beschaffungs- und Bauverfahren einen sehr geringen Umfang in der Praxis der Vergabestellen dar. Dies wird in den Vertragstexten und Leistungsbeschreibungen deutlich, in denen von „Produktmustern" die Rede ist, die „nach Abschluss des Vergabeverfahrens im Besitz der Verwaltung verbleiben". Zudem sind selbst in den Sozialverwaltungen häufig nicht Sozialarbeiter*innen mit ihrer Fachkompetenz mit der Erstellung von Leistungs- und Qualitätsvereinbarungen befasst, sondern Verwaltungsfachangestellte und Jurist*innen. Auch dadurch wird häufig die Chance vertan, die Rahmenbedingungen eines Vergabeverfahrens so zu gestalten, das mit der Ausschreibung ein Ergebnis erzielt, was der Intention und dem Ansinnen sowie dem Bedarf der sozialen Dienstleistung gerecht wird.

Ein Vergleich der vergaberechtlichen Ausschreibungen der verschiedenen Landkreise und kreisfreien Städte zur Vergabe der Migrationssozialarbeit als Fachberatungsdienst nach dem Landesaufnahmegesetz Brandenburg ergab so gravierende Unterschiede zwischen den einzelnen Vergabeverfahren, sodass Unbeteiligte nicht unbedingt den Eindruck gewinnen konnten, dass es sich hier um ein und denselben Fachdienst handelt, der durch die Anlage 4 zur LAufnGDV detailliert in den Aufgabenfeldern beschrieben ist, um eine möglichst landesweit einheitliche Durchführung des Fachdienstes zu gewährleisten. Die Spanne reichte von der Festpreisvergabe bis zur überwiegend preisorientierten Vergabe, bei der das Verhältnis zwischen Qualität und Preis nur noch 60 Prozent zu 40 Prozent betrug. Die Vertragslaufzeiten rangierten zwischen zwei und sechs Jahren.

Der Wunsch nach einem Wettbewerb potenzieller Leistungserbringer ist nicht notwendigerweise an die Anwendung des Vergaberechtes gebunden, beispielsweise kann zu einem Konzeptwettbewerb mit einer geschlossenen Gruppe von Trägern sozialer Dienstleistungen oder Verbänden aufgerufen werden, die ihre Sachkunde, Leistungsfähigkeit und örtliche Vernetzung über eine jahrelange Präsenz unter Beweis gestellt haben.

An dieser Stelle soll aber der Hinweis auf die Möglichkeit einer inklusiven Leistungserbringung nicht fehlen. Wo immer es möglich ist, sollte dem Prinzip der Trägerpluralität Vorrang eingeräumt werden, um das Wunsch- und Wahlrecht der Klientel zu gewährleisten.

Gewerbliche, gewinnorientierte Anbieter, die ein ausschließlich wirtschaftliches Interesse an der Durchführung der ausgeschriebenen Leistung haben, können, sofern die Leistung nicht in Form einer Zuwendungsfinanzierung (mit üblichem Eigenmittelanteil) vergeben werden kann, über die erwünschte oder verpflichtende Einbeziehung freiwilligen und ehrenamtlichen Engagements indirekt bzw. mittelbar ausgeschlossen werden.

Um zu verhindern, dass bestehende Vernetzungen durch die Vergabe der Leistung an einen neuen Leistungserbringer verloren gehen, kann die vorhandene sozialräumliche Vernetzung zur Voraussetzung zur Teilnahme am Konzeptwettbewerb oder auch eines Vergabeverfahrens gemacht werden.

Eine mögliche Tarifbindung, die durch die Einhaltung der europäischen Wettbewerbskriterien im Prinzip bei Vergabeverfahren ausgeschlossen ist (es kann lediglich auf den gesetzlichen Mindestlohn abgestellt werden, der aber in der Regel bei sozialen Dienstleistungen durch den TVöD weit überschritten wird), kann z.B. über eine Festpreisausschreibung indirekt vorgenommen werden. Indem der Preis und der Personalumfang für die zu erbringende soziale Dienstleistung festgeschrieben werden, liegt der Fokus bei der Bewertung der Angebote somit ausschließlich auf der zu erbringenden Qualität der Leistungen.

Ein weiterer Umstand, der zu nicht erwünschten Ergebnissen führt, ist die umfassende und detaillierte Beschreibung der Art und Weise der Leistungserbringung über die mit dem Vergabeverfahren mitgeltende Leistungsbeschreibung. Das eröffnet die Möglichkeit, per „copy & paste" diese Passagen aus der Leistungsbeschreibung zu übernehmen und mit entsprechender Konzeptlyrik zu umrahmen. Damit erhält das Konzept die volle Punktzahl bei der qualitativen Bewertung des Angebotes, ohne dass der Bieter seine eigene Fachlichkeit nachweisen und konzeptionelle Ideen entwickeln muss. Dies führt dazu, dass am Ende der Preis des Angebotes zum Zünglein an der Waage wird. Auch wenn in der Bewertungsmatrix eine Gewichtung von 80 Prozent Qualität und 20 Prozent Preis festgelegt wird, entscheidet am Ende bei dieser Konstellation ausschließlich der Preis. Bei derart gestalteten Ausschreibungsverfahren haben seriöse und mit fachlicher Expertise ausgestattete Träger und Verbände, die sich in ihrer Vergütung am TVöD orientieren oder diesen umsetzen, grundsätzlich das Nachsehen gegenüber Dumpinganbietern. Dies war auch im eingangs skizzierten Beispiel der Fall und erklärt unter anderem, warum der Bieter die Ausschreibung gewinnen konnte.

Als Fazit lässt sich festhalten, dass das Vergaberecht die öffentliche Verwaltung nicht davon entbindet, ihre Verantwortung für den nachhaltigen Fortbestand und die Weiterentwicklung der Infrastruktur der Daseinsvorsorge durch Ausübung eines pflichtgemäßen Ermessens über die Wahl und

Angemessenheit des Verfahrens über die Vergabe sozialer Dienstleistungen wahrzunehmen.

In den meisten Fällen wird die Erteilung eines öffentlichen Auftrages und damit die verpflichtende Anwendung des Vergaberechtes nicht durch die den Leistungen zugrunde liegenden Gesetzesnormen vorgeschrieben, sondern obliegt der freien Entscheidung der jeweiligen Verwaltungsstruktur.

Um diese Entscheidung zu befördern und zu qualifizieren, besteht die Möglichkeit, dass die öffentliche Verwaltung im Vorfeld einer Entscheidung über die Form der Vergabe das Fachgespräch mit erfahrenen und fachlich kompetenten Leistungsträgern sucht (z.B. der örtlichen LIGEN der freien Wohlfahrtspflege), um von deren Expertise und Praxiserfahrung zu profitieren. Alternativ oder ergänzend besteht auch die Möglichkeit der Einbeziehung von Fachhochschulen, die üblicherweise fachliche Standards definieren und in die Ausbildung der Fachkräfte implementieren.

Ein Argument pro Anwendung des Vergaberechtes ist häufig die Sicherstellung der Einhaltung des Grundsatzes der Wirtschaftlichkeit und Sparsamkeit. Dazu ist jedoch kein Vergabeverfahren erforderlich, da diese Grundsätze bereits im Sozialrecht und der Haushaltsordnung verankert sind. Zudem sollte die Interpretation des Begriffes Sparsamkeit nicht mit der Auswahl des billigsten Angebotes gleichgesetzt werden, sondern auf eine Kosteneffizienz abstellen, wofür wiederum die zu erreichende Qualität definiert werden muss, womit sich im Grunde der Kreis wieder schließt.

Aus den bisherigen Erfahrungen heraus erscheint es angeraten, die öffentlichen Verwaltungen fachlich hinsichtlich der besonderen Rahmenbedingungen und Spezifika sozialer Dienste und Dienstleistungen und das von ihnen auszuübende pflichtgemäße Ermessen bei der Entscheidung über Form und Art der Vergabe zu unterstützen – z.B. in Form von Fachtagen, Empfehlungen und Handreichungen oder Fortbildungen. Aus Sicht der Praxis könnten der Städte- und Gemeindebund bzw. der Landkreistag, aber auch die jeweiligen Landesministerien hier eine wichtige Rolle als Spitzenverbände der jeweiligen Ebenen der staatlichen Verwaltung spielen und die Qualifizierung voranbringen.

WORKSHOP 5:
#VERANTWORTUNG FÜR STRATEGIEN

Wie können Träger das Potenzial ihrer Immobilien strategisch nutzen?

Anja Mandelkow & Sam Rafati

1. Nachhaltigkeit – vom Trend zum Muss

Der tägliche Spagat in der Führung

Wenn Sie in der Sozial- und Gesundheitswirtschaft eine Führungsaufgabe haben, arbeiten Sie im Spagat: Einerseits ist es Ihr Ziel, die Bedürfnisse der Nutzer*innen Ihrer Dienstleistungen zu erfüllen, sodass diese gut versorgt sind, sich angenommen und geborgen fühlen. Parallel dazu wollen und müssen Sie die Bedürfnisse Ihrer Mitarbeiter*innen erfüllen. Sie wollen einen sicheren Arbeitsplatz ermöglichen, Aufgaben vergeben, die Sinn stiften und einen wertschätzenden Umgang untereinander fördern.

Immobilien sind im Tagesgeschäft selbstverständlich

Im Tagesgeschäft der allermeisten Träger der Sozial- und Gesundheitswirtschaft spielen die Immobilien eine zeitraubende, häufig ungeliebte und gerne in den Hintergrund gedrängte Rolle. Das ist nachvollziehbar und durchaus berechtigt, denn Sie sind nicht für Immobilien da, sondern für die Menschen, die diese nutzen.
    Die Realität ist aber auch, dass ohne Immobilien so gut wie nichts geht. Ob Kita, Pflegeheim, Betreutes Wohnen oder eine Werkstatt für Menschen mit Behinderung – ein den Anforderungen entsprechendes Gebäude ist immer die Grundlage für den Betrieb. Diese Erkenntnis drängt sich oft erst dann schmerzhaft in den Vordergrund, wenn etwas nicht mehr funktioniert, nicht mehr den Ansprüchen genügt oder gegen neue behördliche Vorschriften verstößt. Eine damit verbundene Krise kann sich langsam aufbauen oder plötzlich auftreten. Ins Tagesgeschäft passt sie nie, denn sie lässt Aufwand, Kosten und Nervenkostüme explodieren – und selten kommt sie allein daher.

Nachhaltigkeit wird zum Fundament für das Geschäftsmodell wie auch die Immobilie

Wer kennt das nicht? Dringende Verpflichtungen, Aufgaben, die nicht warten können, alles andere muss erst einmal zurückstehen. Dieser Ansatz ist menschlich und nachvollziehbar, denn sich mit Problemen zu beschäftigen, die noch nicht akut drängen und erst später auftreten können, erzeugt keinen starken Handlungsimpuls. Doch ähnlich wie dort sind die zu berücksichtigenden Parameter zahlreich und ihr Zusammenwirken komplex. Das gilt insbesondere für Immobilien und das Thema Nachhaltigkeit.

So umfasst die Immobilie nicht nur die Architektur, sondern auch die Themen Statik, Nachhaltigkeit, Baurecht, Brandschutz, Finanzierung und Refinanzierung, Bedarfsplanung, Nachnutzung, Betrieb, Wirtschaftlichkeit usw. Es erstaunt daher nicht, dass unter massivem Handlungsdruck getroffene Entscheidungen nur selten zu guten Lösungen führen. Besser als abzuwarten und nur zu reagieren ist es meistens, proaktiv und vorausschauend zu planen. Das ist auch in Bezug auf das Immobilienmanagement das notwendige Handlungsmuster. Die Auseinandersetzung mit Immobilienthemen muss daher in der obersten Leitungsebene verankert und strategisch gesteuert werden – denn Strategie bedingt Struktur (übersetzen Sie dieses Wort gerne mit „Ruhe").

2. Nachhaltigkeit – Warum wird das so wichtig?

EU-Aktionsplan Sustainable Finance – Nachhaltigkeit führt zu einer tiefgreifenden Veränderung des Finanzmarktes

Für das Erreichen der internationalen und europäischen Nachhaltigkeits- und Klimaziele sowie die hiermit verbundene Transformation großer Teile der Wirtschaft sind erhebliche Investitionen erforderlich. Das benötigte private Kapital soll mit dem 2018 beschlossenen EU-Aktionsplan „Finanzierung nachhaltigen Wachstums" mobilisiert werden (EU Sustainable Finance Action Plan). Zielsetzungen sind das Umleiten von Kapitalströmen auf nachhaltige Investitionen. Dieser Aktionsplan und die daraus resultierenden Regularien und Verordnungen führen zu einer tiefgreifenden Veränderung des Finanzmarktes.

Auch für die Einrichtungen und Dienste der Sozial- und Gesundheitswirtschaft wird Nachhaltigkeit zu einem zentralen Faktor für den Zugang zum Kredit- und Kapitalmarkt. Ansatzpunkt des Aktionsplans ist die Berücksichtigung von Nachhaltigkeitsfaktoren in Entscheidungsprozessen bei Investitionen und Finanzierungen. Mit dem EU-Aktionsplan sind umfassende Berichts- und Offenlegungspflichten für Finanzmarktakteure und Unternehmen verbunden. Darüber hinaus sollen Änderungen in den EU-Aufsichtsregeln für Banken und Versicherungsunternehmen bewirken, dass Klimarisiken in die Risikomanagementpolitik der Institute einbezogen werden.

EU-Taxonomie, ESG und CSRD

Die EU-Taxonomie-Verordnung ist eine von zehn Maßnahmen, die sich aus diesem Aktionsplan ergibt, und zwar die erste und die wichtigste Maßnahme. Wenn das übergeordnete Ziel ist, die Kapitalströme in nachhaltige Investitionen zu lenken, muss auch klar definiert sein, was eine nachhaltige Investition ist. Daher ist die EU-Taxonomie ein Klassifikationssystem für ökologisch nachhaltige Wirtschaftsaktivitäten, sprich, was ist ökologisch nachhaltig und was nicht? Sie beinhaltet sechs Umweltziele, an denen sich die EU orientiert. Alle taxonomiekonformen Investitionen leisten künftig einen Beitrag zu den EU-Umweltzielen. Alle übrigen gelten nicht als ökologisch nachhaltig im Sinne der EU-Taxonomie.

Aktuell gilt eine nichtfinanzielle Berichtspflicht (NFRD), die CSR-Richtlinie. Es greift das CSR-Richtlinienumsetzungsgesetz in Deutschland, denn die NFRD der EU ist keine Verordnung und musste noch in nationales Recht umgesetzt werden. Diese gilt aber nur noch so lange, bis die CSRD greifen wird, die das Ziel hat, die Nachhaltigkeitsberichterstattung in der EU zu vereinheitlichen. Diese CSRD-Richtlinie soll planmäßig ab dem 01.01.2026 für das Berichtsjahr 2025 gelten und die NFRD durch die CSRD ablösen.

Die neue Richtlinie betrifft zunächst nun alle Unternehmen, die 250 Mitarbeitende haben, eine Bilanzsumme von 20 Millionen Euro erreichen und 40 Millionen Euro Umsatz erzielen. Es reicht, wenn zwei dieser drei Kriterien greifen. Die NFRD betraf nur kapitalmarktorientierte Unternehmen – dieses Kriterium ist nun aufgehoben. Kapitalgesellschaften, die die genannten Kriterien erfüllen, sind automatisch betroffen. Ab 2026 sollen auch kleine und mittlere Unternehmen von der Berichtspflicht erfasst werden.

Gerne können Sie unter https://www.sozialbank.de/news-events/publikationen/bfs-marktreports und unter https://www.sozialbank.de/impulse/nachhaltigkeit Updates zum aktuellen Umsetzungsstand der Regulatorik detaillierter nachlesen.

Neue Berichtspflichten

Es geht um viel mehr als das Erheben von Kennzahlen und Daten (neben den 1.144 quantitativen und qualitativen Datenpunkten): Die komplette Denkweise zum Thema Nachhaltigkeit muss im Unternehmen implementiert werden – das geht nicht von heute auf morgen. Der Prozess ist komplex: Was müssen wir erheben? Wie gehen wir vor? Was bedeutet Nachhaltigkeitsmanagement eigentlich? Welche Strategie verfolgen wir? Was wollen wir wirklich implementieren? Darüber müssen Sie berichten. Wir können nur empfehlen, zeitnah damit anzufangen.

Finanzinstitute müssen zukünftig bei Finanzierungen prüfen, ob der/die Kreditnehmende einen nichtfinanziellen Bericht erstellen muss. Wenn ja, muss die Investition hinsichtlich der Taxonomiekonformität überprüft werden, das ist eine neuer Bestandteil des Ratings. Dadurch entsteht ein zusätzlicher Informationsbedarf zwischen Finanzinstituten und Kunden: z.B. Energiethemen der Gebäude, technische Details, CO^2-Emissionen der Fahrzeuge etc.

3. Die wichtigsten Erkenntnisse zum Thema Nachhaltigkeit

Klimaschutz ist Organisationsentwicklung:

- Klimaschutz heißt Veränderung.
- Klimaschutz ist eine Querschnittsaufgabe.
- Klimaschutz ist für viele Neuland.
- Klimaschutz gehört ins Managementsystem.

Die elf wichtigsten Merksätze:

1. Die EU-Taxonomie-VO ist die erste (und wichtigste) von zehn Maßnahmen des EU-Aktionsplans.

2. Die EU-Taxonomie ist das Klassifikationssystem für ökologisch nachhaltige Wirtschaftsaktivitäten (sechs Umweltziele).
3. Alle taxonomiekonformen Investitionen leisten künftig einen Beitrag zu den EU-Umweltzielen. Alle übrigen gelten als ökologisch nicht nachhaltig.
4. CSRD wird NFRD ablösen, um die Nachhaltigkeitsberichterstattung in der EU zu vereinheitlichen.
5. Das führt zu einer deutlichen Ausweitung der Berichtspflichten. Nachhaltigkeit wird Bestandteil des Jahresabschlusses (mit WP-Prüfverpflichtung).
6. Das europäische Klassifizierungssystem für Nachhaltigkeit (EU-Taxonomie) wird auch für die Sozial- und Gesundheitswirtschaft normgebend.
7. Nachhaltigkeit wird vom Trend zum Muss.
8. Der Finanzmarkt wird zum Hebel für Nachhaltigkeit.
9. Nachhaltigkeit führt zu einer tiefgreifenden Veränderung des Finanzmarktes.
10. Nachhaltigkeit wird eine zentrale Voraussetzung für Investitionsfähigkeit und somit eine unverzichtbare Voraussetzung für die Wertschöpfung.
11. Es geht um viel mehr als das Erheben von Kennzahlen und Daten. Die komplette Denkweise zum Thema Nachhaltigkeit muss im Unternehmen implementiert werden. Darüber muss berichtet werden – neben einem CO^2-Fußabdruck für das Unternehmen.

4. Wer auf nichts zielt, der trifft auch nichts

Die Bestandsaufnahme als wichtige Vorbereitung für das Nachhaltigkeitsreporting

Die Bestandsaufnahme bildet als Analyse den Ist-Zustand der Immobilie ab. Grundsätzlich wird dabei der Zustand eines Gebäudes ermittelt, verschiedene Eigenschaften der Bausubstanz und Technik unter die Lupe genommen sowie das umliegende Gelände inspiziert. Die Bestandsaufnahme kann auch noch die Vermessung des Gebäudes umfassen, je nach Qualität und Aktualität der vorhandenen Grundrisse und Schnitte. Im nächsten Schritt können Stärken und Schwächen sowie entsprechende Risiken erfasst und analysiert werden. Für die Prüfung an sich werden die genauen Inhalte, der Zeitraum, die Art und der Umfang definiert.

Bauliche und maßliche Bestandsaufnahme:

1. alte Grundrisse und Schnitte zum Errichtungszeitpunkt sowie aller Umbauten sichten;
2. Bauakte mit Anträgen und Genehmigungen sichten;
3. vom exakten Aufmaß bis zu reinen Kontrollmessungen als Plausibilisierung und digitale Grundrisse sowie Schnitte erstellen;
4. Erfassung als Zeichnung sowie in einer Tabelle je Raum:
   - Kennzeichnung
   - Fläche und Nutzungsart nach DIN 277
   - Nutzer / Organisationszugehörigkeit
   - Raum-Nummer
   - Raum-Höhe
   - Wand-/Decken-/Bodenfläche mit Material

Wenn die vorhanden Bestandspläne von Gebäuden unvollständig sind oder nicht der Realität entsprechen, kommt die maßliche oder auch architektonische Bestandsaufnahme ins Spiel. Doch woher wissen Sie, dass diese nicht mehr aktuell sind? Vertrauen ist gut, doch Kontrolle ist besser! Bei der maßlichen Bestandsaufnahme werden die vorliegenden Pläne auf Richtigkeit und Vollständigkeit überprüft, oder, sofern Teile fehlen, neu vermessen. Im Falle, dass gar keine Bestandspläne mehr zu finden sind, folgt eine komplett neue maßliche Aufnahme, z.B. mithilfe eines Laserscanners. Ein Laserscanner tastet die Oberflächengeometrie eines Gebäudes berührungslos ab, während sich das Gerät horizontal um seine eigene Achse dreht. Dabei bilden mehrere Millionen farbiger 3-D-Messpunkte die Fassade oder die Umgebung mit größter Genauigkeit ab.

Die HOAI liefert hier keine klare Regelung zu den Kosten. Demnach wird diese nicht als Grundleistung angesehen und unterliegt somit keiner festen Vergütung.

Wie können Träger das Potenzial ihrer Immobilien strategisch nutzen?

Technische und energetische Bestandsaufnahme:

Flächen/Nutzung:

- Allgemeinbereiche/Verkehrsflächen und Ausbau der Mietbereiche
- Außenanlagen/Stellplätze

Kostengruppe 300:

- Fassade/Dach und Konstruktion

Kostengruppe 400:

- Heizung
- Lüftung
- Sanitär
- Kälte
- Brandschutz/Feuerlöschtechnik
- Elektro
- MSR
- GLT
- Fördertechnik
- Blitzschutz
- Erschließung
- ...

Erfassung/Verortung in den Plänen sowie in einer Tabelle je Objekt:

- Kennzeichnung
- Typ/Hersteller
- Seriennummer
- Wartungsintervall
- Gewährleistungszeitraum
- Inbetriebnahme-Datum
- ...

Die technische Bestandsaufnahme umfasst die Bewertung der Bauteile eines Gebäudes auf Zustand, Qualität und Funktionsfähigkeit. Dabei wird auch beispielhaft eine Prüfung der Statik und der Brandschutz begutachtet. Gegebenenfalls macht auch eine Betrachtung mit Blick auf den Instandhaltungsstau Sinn. Sie ist im Gegensatz zur vorher möglichen Kurzbegehung ausführlich und detailliert durchzuführen. Zusammen mit den maßlichen Bestandszeichnungen und der Planung dient sie als Planungs-, Ausschreibungs- und Kostenberechnungsgrundlage. Wichtig ist hierbei, sich zuvor über die genauen Schwerpunkte Klarheit verschafft zu haben.

Bei der energetischen Bestandsaufnahme wird vor allem die Energieeffizienz eines Gebäudes bewertet, sprich, wie hoch ist der Energieverbrauch und wie hoch sind demnach auch die Kosten. Dabei wird versucht, mögliche Einsparpotenziale zu identifizieren. Aufgrund von steigenden Energiepreisen erhöht sich auch die Relevanz der Energiebilanz eines Gebäudes enorm.

Wirtschaftlich und vertragliche Bestandsaufnahme:

Erfassung und Sichtung aller immobilienrelevanten Verträge.

5. *Wenn ich zukünftig jedes Jahr 1.144 neue ESG-Daten zu meinem Unternehmen und der Immobilie prüfsicher erfassen und dokumentieren muss – warum dann nicht mit System?*

CAFM – Computer Aided Facility Management ist rechnergestütztes Facility Management

Als CAFM-Software [...] gelten Software-Werkzeuge, die spezifische Prozesse des Facility Managements und die daran direkt oder indirekt (z.B. Informationsnachfrager) beteiligte Personen unterstützen.

Die Anforderungen an CAFM sind vielfältig und stark von den spezifischen/fachlichen Prozessen und den kundenspezifischen Anforderungen des Unternehmens abhängig.

Die Nutzung exakter Bestandsdaten ist die Grundlage bei der Planung und Bewirtschaftung von Gebäuden und Anlagen. Hierdurch wird die Wertschöpfung einer Immobilie stark verbessert. Beispiele der Verwendung:

- Flächenoptimierung,
- Instandhaltungsplanung
- Umbaumaßnahmen und Umzugsplanung

Wie können Träger das Potenzial ihrer Immobilien strategisch nutzen?

- Risikobewertung und -management
- Ausschreibungen/ Leistungsverzeichnisse

Es gibt 17 Anwendungsfälle in einem CAFM-System, die ausgewählt und priorisiert werden sollten:

Instandhaltung:

- störungsbedingte Instandsetzung
- Wartung zustandsbezogen (wenn z.B. bestimmte Werte überschritten werden)
- Wartung objektbezogen (z.B. viermal p.a.)
- Gewährleistungsmanagement

Reinigung:

- Reinigungskategorien
- Gebäudereinigung, Fenster, Fassade, Böden, Inventar
- Freiflächen
- Reinigung Leistungsverzeichnisse

Nutzungsgrad:

- Flächen – Kostenstellenzuordnung
- Belegungsgrad (Anzahl Personen usw. pro Fläche oder Raum)
- Belegungsintensität (in zeitlicher Hinsicht, Dauer und Häufigkeit)
- Anteil Verkehrsflächen und Nebenflächen an direkt nutzbarer Fläche

Leerstand:

- Leerstandsquoten bezogen auf bestimmte Gebäudetypen, Lagen
- innerhalb definierter Zeiträume (interne und externe Vermietung)

Portfoliomanagement:

- Immobilienbewertung und Gliederung nach Investitionskriterien
- Ermittlung von Kennzahlen (z.B. Total Return)
- Scoring und Wirtschaftlichkeitsanalysen
- Risiko- und Sensitivitätsanalysen

CI-Beitrag:

- Förderung der Corporate Identity

Standards:

- Prozesse (z.B. Störungsbearbeitung, Instandhaltung, Besucherdienst, Raumreservierung, Umzüge)
- Beschaffung von Produkten (z.B. Möbel, Dienstleistungen, Material, technische Ausstattung)
- Stammdaten (z.B. Gebäudestruktur, Gebäude-/Raum-Kennzeichensystem, Bezeichnung von Ausstattungen)
- Vertragsbeziehungen mit Partnern

Transparenz:

- zgl. der Ressource Immobilie (z.B. Flächen, Nutzung, Zustand, Verfügbarkeit)
- Kosten von Verträgen
- (z.B. Wartung, Vermietung, Zeiträume)
- Kennzahlen/Benchmarking
- Visualisierung

Umzug:

- Umzugsplanung (grafisch unterstützt, Variantenbildung)
- Einzug/Auszug
- Umzugsdurchführung (Beauftragung, Durchführung, Abrechnung)

Energie und Umwelt:

- Energiemanagement
- Entsorgungsmanagement
- Integration mit GLT (auf Managementebene, nicht auf Prozessebene)
- Zählermanagement

Integration (IT, Organisation):

- Prozessketten werden als solche erkannt und wesentlich beschleunigt
- Prozesse können über Abteilungsgrenzen hinweg abgewickelt werden
- Steigerung der Qualität führt zu besserem gegenseitigen Verständnis
- Partnerverwaltung
- Fördert die IT-Integration, Abbau von teuren Schnittstellen

Service-Desk:

- zentrale Anlaufstelle für alle
- Meldungen
- Anforderungen
- Auftragsmanagement
- Medienunabhängigkeit (Telefon, E-Mail, Intranet)
- standardisierte Abläufe

Sicherheit:

- Technikstammdaten
- zentrale Steuerung möglich
- Zugangsprotokollierung

Verträge:

- Vertragsverwaltung (z.B. Anmietung, Vermietung, Dienstleistungen)
- Mietanpassungen (z.B. Umsatzmieten, Indexmieten)
- Korrespondenz
- standardisierte Servicepakete (Service Level Agreements)

Verkaufsunterstützung:

- Interessentenverwaltung
- Angebotsmanagement (z.B. Varianten)
- Kundenverwaltung
- Aktionen- und Kampagnenmanagement
- Auswertungen

Einkauf/Outsourcing:

- Bestellanforderung
- Bestellung
- Wareneingang
- Rechnungseingang
- Abrechnung

Mietverwaltung:

- Mieter/Nutzer
- Nebenkostenabrechnung
- Kontenverwaltung, Debitoren, Kreditoren
- Energie (Strom, Wasser, Abwasser)

- Steuern, Abgaben
- pauschale Vorauszahlungen

Sicherheit:

- Technikstammdaten
- zentrale Steuerung möglich
- Zugangsprotokollierung

Verträge:

- Vertragsverwaltung (z.B. Anmietung, Vermietung, Dienstleistungen)
- Mietanpassungen (z.B. Umsatzmieten, Indexmieten)
- Korrespondenz
- standardisierte Servicepakete (Service Level Agreements)

Verkaufsunterstützung:

- Interessentenverwaltung
- Angebotsmanagement (z.B. Varianten)
- Kundenverwaltung
- Aktionen- und Kampagnenmanagement
- Auswertungen

Neun Vorteile/Nutzen von CAFM

1. effektivere Prozesse durch (Teil-)Automatisierungen
2. Steigerung der Werthaltigkeit der Immobilie
3. Rechtssicherer Betrieb/Betreiberverantwortung
4. Amortisation der Kosten für ein CAFM-System i.d.R. innerhalb von 2–5 Jahren
5. mehr Unabhängigkeit vom Wissen einzelner Mitarbeiter*innen
6. bessere Basis für Investitionsentscheidungen
7. Basis für das Nachhaltigkeitsberichtswesen
8. mehr Transparenz und Überblick sowie exakte Kostenzuordnung
9. CAFM ist die zwingende Voraussetzung für eine Kostenersparnis

CAFM Einführung – Projektphasen:

1. Initialisierung:
   Aufgaben: Zielstellung, Projektorganisation und -planung, Projektauftrag, Kickoff Projektteams
   Ergebnisse: Projektplan vorbereiten, Projektmanagement vorbereiten, notwendige Ressourcen definieren
   Dauer: 2–4 Wochen

2. Konzeption:
   Aufgaben: Durchführung von AG-Workshops, Definition von FM-Prozessen, Definition von Systemanforderungen, Detailplanung der Implementierung
   Ergebnisse: Pflichtenheft, Fachkonzept, Anbieterauswahl
   Dauer: 3–6 Monate

3. Implementierung:
   Aufgaben: Aufgaben des Projektmanagements, Changemanagement, Integration der Datenbasis, Customizing und Anwenderschulungen, Planung und Umsetzung „Go-Live"
   Ergebnisse: abgeschlossenes Customizing, Installiertes System (inkl. Test), Erfolgreiche Datenübernahme
   Dauer: 3–6 Monate

4. Betriebsphase:
   Aufgaben: Datenpflege, Systemweiterentwicklung
   Ergebnisse: laufendes und akzeptiertes CAFM-System, ggf. Pläne zur Weiterentwicklung

Erfolgsfaktoren bei einer CAFM-Einführung:

- Einführung als Prozess verstehen
- Projekt mit einzelnen Phasen und Stammdaten von Prozessen
- Hauptphasen und Einzelschritte für einen längeren Zeitraum planen. Keine „Hauruck"-Aktionen oder „Big-Bang"
- grundlegende Entscheidungen an den Anfang des Projektes legen
- Orientierung am Nutzer und an vorhandenen Prozessen

Anja Mandelkow & Sam Rafati

6. Bis 2025 sehen wir konkret auf Sie zukommen...

- neue Berichtspflichten
- steigende Baukosten
- steigende Energiekosten
- zunehmende Extremwetterereignisse
- Instandhaltungs- und Sanierungsstau nach Corona
- Wettbewerb um Handwerks- und Bauunternehmen
- flexible Rechtsprechung rund um Nachhaltigkeit
- noch größere Personalengpässe

7. Welche Fragen sollte ich an meine Organisation stellen?

1. Wie stellen wir sicher, dass wir alle unsere Berichtspflichten kennen?
2. Wie stellen wir sicher, dass wir einen 360-Grad-Blick auf unsere Immobilien haben?
3. Gibt es einen 5- und 10-Jahresplan für Instandhaltungen, Sanierungen, Liquiditätsbedarfe?
4. Wie stellen wir sicher, dass alle Standorte entsprechend ihrem Potenzial ausgeschöpft wurden?
5. Wie stellen wir sicher, dass uns beim Thema Förderung/Zuschüsse nichts verloren geht?
6. Was wissen und tun wir im Bereich der eigenen Energieherstellung?
7. Wie wäre das Vorgehen, wenn wir feststellen, dass Handlungsbedarf besteht?

WORKSHOP 6:
#VERANTWORTUNG FÜRS KLIMA

Verantwortung. Jetzt auch noch für das Klima?!

Steffen Lembke

Mein heutiger Vortrag zur Klimastrategie der AWO soll verdeutlichen, dass die AWO und mit ihr die Freie Wohlfahrtspflege auch insgesamt seit ihrer Gründung Verantwortung für Menschen in Notlagen oder in sonstiger Bedürftigkeit übernommen haben. Verantwortung wahrnehmen liegt gleichermaßen in ihren Genen. „Jetzt auch noch für das Klima" soll verdeutlichen, dass es hier um eine weitere Ausprägung der Verantwortung für das Gemeinwohl insgesamt geht. Bei genauerem Hinsehen stellen wir nun fest, dass von den Auswirkungen eines ungebremsten Klimawandels diejenigen vulnerablen Gruppen der Gesellschaft, für deren Wohlergehen und Schutz wir uns auch bisher schon im besonderen Maße einsetzen, besonders negativ betroffen sind. Insofern ist der Kampf gegen den Klimawandel keine neue strategische Ausrichtung der Wohlfahrtspflege, sondern vielmehr die konsequente Fortsetzung der Unterstützung für diese Gruppen.

Es ist darüber hinaus so, dass die Ziele, welche sich die Freie Wohlfahrtspflege im Bereich der Sozialpolitik gesetzt hat und weiterhin setzen wird, unter den Bedingungen eines fortschreitenden Klimawandels schwerer oder gar nicht zu erreichen sind. Der Klimawandel löst keine sozialen Probleme, sondern er verschärft sie. Insofern entspricht es unseren Zielen und auch unseren Wertvorstellungen, uns bei der Bewältigung dieser Herausforderung zu engagieren.

Gleichwohl sind wir als AWO-Bundesverband mit unseren Untergliederungen und insgesamt etwa 18.000 Einrichtungen und Diensten auch selbst ein Faktor beim Thema Klimaschutz. Neben den sozialen Zielen, die wir mit und in den Einrichtungen und Diensten anstreben, erzeugen wir als Nebeneffekt auch einen nicht unerheblichen ökologischen Fußabdruck. Dies im Bereich des CO_2-Ausstoßes, aber auch im Hinblick auf den Verbrauch von Rohstoffen aller Art oder auch im Hinblick auf die Erzeugung von Abfällen und Abwässern. In Anlehnung an die Sustainable Development Goals der Vereinten Nationen geht es uns darum, neue Lebensqualitäten für Menschen zu erschließen. Dies wird nur dann gelingen, wenn wir den Klimawandel so weit wie möglich beschränken, was aktuell der Einhaltung des Pariser Klimaziels und damit einer Begrenzung der Erwärmung der Erde auf deutlich unter 2 °C entspricht.

Mit rund 238.000 Mitarbeiter*innen würde die Arbeiterwohlfahrt in einem Vergleich den DAX-Konzernen an fünfter Stelle stehen. Dies zeigt die wirtschaftliche Dimension eines solchen Verbandes, welche sich natürlich auch in der Relevanz und damit Verantwortung für Klima- und Nachhaltigkeitsziele niederschlägt. In ihren Einrichtungen und Diensten hat die Arbeiterwohlfahrt zudem Kontakt mit einer gewaltigen Zahl an Menschen. Diese Schnittstellen in die Gesellschaft kann die AWO nutzen, um Menschen in die Bekämpfung des Klimawandels einzubinden. Als Beispiel seien hier die Kindertagesstätten genannt. Die AWO betreibt etwa 2.600 Kitas, in denen ca. 32.000 pädagogische Mitarbeitende beschäftigt sind. Diese betreuen täglich etwa 190.000 Kinder, die wiederum in ihren Familien und Freundeskreisen eingebunden sind, was in der Summe schon in diesem Bereich eine Kontaktgruppe von einer Million Personen oder mehr ergibt.

Die Nachhaltigkeitsziele der Vereinten Nationen und das Selbstverständnis der Arbeiterwohlfahrt offenbaren ein hohes Maß an Übereinstimmung. Unsere zentralen Werte wie Freiheit, Solidarität, Gleichheit, Gerechtigkeit und Toleranz entsprechen einem Menschenbild, wie es sich auch in der UN-Charta wiederfindet.

Aber auch andere Wohlfahrtsverbände haben sich den Klimaschutzzielen inzwischen verschrieben und streben eigene Ziele für ihre Einrichtungen und Dienste an. Die Bundeskonferenz der Arbeiterwohlfahrt hat 2021 das Ziel einer Klimaneutralität aller Einrichtungen und Dienste vor 2040 festgeschrieben. Die Diakonie Deutschland möchte spätestens bis zum Jahr 2035 klimaneutral sein und die Delegiertenversammlung des Caritasverbandes hat sich dies bereits für 2030 vorgenommen.

Betrachtet man die Zielsetzung „Klimaneutralität" im Detail etwas genauer, dann stellt man fest, dass sich dahinter ein sehr umfassender Transformationsprozess verbirgt. Am Beispiel eines stationären Pflegeplatzes lässt sich zeigen, dass Klimaneutralität bedeuten würde, den momentanen Ausstoß von etwa 7,5 Tonnen CO_2 pro Jahr auf 1 Tonne zu reduzieren. Wenn dieses Ziel – wie bei der AWO geplant – bis spätestens 2040 erreicht werden soll, verbleiben dafür noch 18 Jahre. Dass dies eine große Herausforderung darstellt, ist unmittelbar erkennbar. Insgesamt gesehen handelt es sich dabei um nichts Geringeres als den „größten politikinduzierten Strukturwandel, den die Menschheit je gesehen hat", so Professor Edenhofer vom Potsdam Institut für Klimafolgenforschung.

Die Größe der Aufgabe ist uns inzwischen bewusst und deshalb ist es wichtig, nicht nach dem Prinzip Hoffnung vorzugehen und die erforderlichen Handlungen in die Zukunft zu verschieben, sondern heute damit zu beginnen durch einen stetigen Prozess der Reduktion von Emissionen und auf einem Zeitstrahl dieses Ziel kontinuierlich anzustreben. Gerade im Bereich der energetischen Gebäudesanierung sind hier möglicherweise auch größere Investitionen erforderlich, die naturgemäß einen längeren Vorlauf haben.

Was ist zu tun? Bei der Arbeiterwohlfahrt haben wir uns für eine Mischung aus gemeinsam getroffenen zentralen Entscheidungen etwa über die Ziele, die wir anstreben, und die grundlegenden Mechanismen, wie wir diese Ziele erreichen wollen, verständigt. Auf der anderen Seite ist es wichtig, dass vor Ort – weil nur dort die entsprechende Sachkenntnis und Fachkenntnis vorhanden ist – individuelle Strategien zur Reduktion des ökologischen Fußabdrucks entwickelt werden.

Auf dieser Basis hat die AWO einen „Maßnahmenplan Klimaschutz" entwickelt, der die verschiedenen Handlungsbereiche im Hinblick auf den Klimaschutz auflistet und mit konkreten Zielen und Maßnahmen versieht. Das betrifft die Gebäudewirtschaft, die zum Beispiel bis 2025 zu 100 Prozent auf nachhaltigen Strom umgestellt werden soll. Das betrifft auch die Mobilität, sprich hier geht es um CO_2-Flottengrenzwerte. Es betrifft die Verpflegung, wo zukünftig stärker auch vegetarische Alternativen angeboten werden sollen. Es betrifft die Beschaffung von fair gehandelten Produkten. Es betrifft aber auch die Frage der Transparenz. Damit wollen wir deutlich machen, wie groß unser CO_2-Fußabdruck tatsächlich ist und in welchen Schritten wir ihn abbauen können. Und wir wollen uns auch um Glaubwürdigkeit bemühen, indem wir an Stellen, wo wir doch noch etwas länger brauchen, um bestimmte Ziele zu erreichen, Kompensationsregeln einführen.

Viele der angedachten Maßnahmen lassen sich unter den gegenwärtigen Bedingungen nur sehr schwer realisieren. Zum Teil fehlt es an Eigenkapital, aber auch andere Voraussetzungen sind noch nicht erfüllt. Deswegen appellieren wir an die Politik, durch die Schaffung eines geeigneten Rahmens die Voraussetzungen mit zu schaffen, um unsere Ziele, die zugleich gesellschaftliche Ziele sind, zu erreichen.

WORKSHOP 7:
#VERANTWORTUNG FÜR RESILIENZ

Verantwortung für Resilienz – Wie wir Menschen und Organisationen nachhaltig stärken können

Dr. Silke Köser

Bericht zum Workshop mit Dr. Angela Kerek, ehemalige Tennis-Profispielerin, Autorin, Anwältin und Partnerin in der internationalen Wirtschaftskanzlei Morisson & Foerster LLP und Wolfgang Muy, Supervisor, Resilienz- & Business-Coach.

Es ist schon fast eine Binsenweisheit: Soziale Organisationen der Sozialwirtschaft entwickeln sich zunehmend zu komplexen Systemen, die zeitnah und flexibel unterschiedlichste Herausforderungen bewältigen müssen. Fachkräftemangel, eine schier überbordende Regelungsdichte der Sozialgesetzgebungen, permanente Change-Prozesse, der Umgang mit Fragen der Nachhaltigkeit angesichts des Klimawandels, die Abhängigkeit von globalen Entwicklungen und Märkten – nicht nur hinsichtlich der Energieversorgung, sondern mit Blick auf Produkte und Dienstleistungen – sind nur einige Schlagworte, die die Situation grob skizzieren.

Ein Blick in die gelebte Praxis zeigt jedoch, dass viele Organisationen – ganz unabhängig von ihrer Größe – immer noch mehr im Modus des Tankers, der nur schwerfällig beschleunigen und bremsen geschweige denn einen Richtungswechsel vornehmen kann, und nicht im Modus des wendigen Schnellbootes unterwegs sind. Komplizierte Strukturen und damit verbundene lange Entscheidungswege, starre Hierarchien, mangelnde bereichsübergreifende Zusammenarbeit, Teamkulturen, die Kollaboration nicht befördern, sondern Einzelkämpferinnen und -kämpfer belohnen, ein nicht existentes Wissensmanagement und eine Unternehmenskultur, die die Interessen der Mitarbeitenden nicht im Blick hat, sind nur einige Merkmale solcher Organisationen. Die Folge: Unzufriedene Mitarbeitende, die nur noch bedingt bereit sind, ihr Leistungspotenzial auszuschöpfen oder selbst bereits am Rand der Erschöpfung – oder darüber hinaus – sind.

Angesichts dieser Situation drängt sich unweigerlich die Frage auf, wann Organisationen und die in ihnen tätigen Mitarbeitenden an Leistungsgrenzen stoßen bzw. wann Systeme ihre Leistungen einstellen müssen. Entweder, weil sie in komplexen Umwelten aufgrund ihrer strukturellen und kulturellen Eigenheiten nicht mehr handlungsfähig sind, oder weil Mitarbeitende erschöpft, frustriert, über- oder unterfordert diesen Organisationen den Rücken kehren oder – was fast noch schlimmer ist – ihre Tätigkeit lustlos und mit minimalem Anspruch an die eigene Leistung verrichten.

In dieser Situation wurde die Corona-Pandemie ab 2019 für Mitarbeitende und Organisationen zum ultimativen Stresstest. Eine in diesem Ausmaß noch nie dagewesene Zahl von Anforderungen im Blick auf die psychische und physische Pflege, Versorgung, Betreuung und Begleitung vom Menschen mit Unterstützungsbedarf in einer Pandemie wurde durch eine Regelungs- und Verordnungsdichte in bis dato ungekannter Geschwindigkeit und Intensität begleitet. Der ohnehin schon an allen Stellen spürbare Fach- und Führungskräftemangel wurde durch zahlreiche krankheitsbedingte Personalausfälle und zusätzliche personalbindende Hygienemaßnahmen noch schmerzhafter spürbar. Mitarbeitende aller Hierarchieebenen mussten neben diesen sehr belastenden beruflichen Anforderungen ihre persönlichen Anforderungen mit Blick auf wegfallende Kinderbetreuung, eigene und familiäre Erkrankungen und die Sorge um Familie und Freunde bewältigen.

Viele Organisationen haben diese Anforderungen unter enormen Anstrengungen und unter Aufbringung großer personeller Kraftanstrengungen hervorragend gemeistert, andere sind in ihrem Organisationskern beschädigt aus ihr hervorgegangen.

Zum aktuellen Zeitpunkt lässt sich nur sehr vorsichtig Bilanz ziehen. Auf der einen Seite hat die Pandemie wie eine Lupe die Unzulänglichkeit bestehender Strukturen und Kulturen sichtbar gemacht und an diesen Stellen erschöpfte Organisationen und Mitarbeitende zurückgelassen. Auf der anderen Seite hat sich gezeigt, dass Organisationen und Mitarbeitende mutig neue Wege gegangen sind, neue Formen der Kollaborationen und der Solidarität im Team und darüber hinaus ausprobiert haben. Auch hier hat das Pandemiegeschehen Mitarbeitende belastet, aber hier gab es positive „lessons learned", die Mensch und Organisation gestärkt haben und Raum für Stolz über das Erreichte schufen.

Auch wenn langsam die akuten Belastungen durch das Pandemiegeschehen nachlassen, stellt sich mehr denn je die Frage nach der Leistungsfähigkeit und damit auch der Resilienz der Systeme. Positiv formuliert: Wie können wir angesichts andauernder und punktueller Belastungen die Leistungsfähigkeit von Mitarbeitenden und Organisationen und damit auch die Zukunftsfähigkeit der Sozialwirtschaft sichern? Und wie kann das so gestaltet werden, dass Mitarbeitende nicht nur gut, sondern auch gesund und gerne arbeiten?

Um diese Frage aus unterschiedlichen Perspektiven zu beantworten, wurden in diesem Workshop ganz unterschiedliche Perspektiven und Organisationswelten zum Thema Resilienz miteinander ins Gespräch gebracht: Mit Blick auf die Organisation und das Individuum, aus Sicht der Sozialwirtschaft, des Profisports und des internationalen Managements.

Dr. Angela Kerek, Partnerin bei der internationalen Anwaltskanzlei Morrison & Foerster, und Wolfgang Muy, Supervisor und Business-Coach, berichteten aus ihren Projekten mit einer Anwaltskanzlei und einem regionalen Diakonischen Werk und luden zum Gespräch ein.

Diese unterschiedlichen Perspektiven erscheinen in der Zusammenschau vor allem deshalb interessant, da sie ganz unterschiedliche „Welten" miteinander ins Gespräch bringen. Eine Branche, die lange dafür bekannt war, sich nur die Bestqualifizierten ihres Faches aussuchen zu können, Spitzengehälter zahlt und deren Vertreter und Vertreterinnen ein hohes gesellschaftliches Renommee genießen und die Sozialwirtschaft, die weit davon entfernt ist, ihren gut qualifizierten Mitarbeitenden für eine gesellschaftlich hochrelevante Arbeit Spitzengehälter zahlen zu können und zu deren Kernaufgaben es gehört, politisch immer wieder daran zu erinnern, welchen wichtigen gesellschaftlichen Beitrag sie leistet.

Die Arbeitswelt in den großen internationalen Anwaltskanzleien ist davon geprägt, dass Mitarbeitende nicht nur unter einem enormen Leistungsdruck stehen, sondern auch vielfach erwartet wird, dass sie 24/7 verfügbar sind. Internationale Mandantenbeziehungen mach(t)en nicht nur eine umfangreiche Reisetätigkeit erforderlich, sondern setzen auch voraus, dass Dienstleistungen über die Grenzen von Zeitzonen schnell, pünktlich und qualitativ hochwertig erbracht werden. Externer und interner Leistungsdruck sowie eine hohe Arbeitsdichte führen zu hohen physischen und psychischen Belastungen – ähnlich denen in der Sozialwirtschaft.

Trotz Spitzengehälter gelingt es auch internationalen Anwaltskanzleien aufgrund dieser Belastungen immer schwerer, gute Mitarbeitende zu gewinnen, langfristig zu binden und mit ihnen die geforderten Leistungen dauerhaft zu erbringen. Branchenübergreifend zeigen sich auch hier einerseits die Auswirkungen des demografischen Wandels in einem Fach- und Führungskräftemangel. Andererseits lässt sich auch in dieser Branche gerade bei jüngeren Mitarbeitenden ein mehr oder minder stark ausgeprägtes Bedürfnis nach einer ausgewogenen Work-Life-Balance finden, in dessen Licht diese Tätigkeiten, trotz guter Bezahlung und gesellschaftlichem Renommee, ihren Reiz für viele verlieren. Auch in dieser Branche entwickelt sich daher die Personalfrage zum Risikofaktor und daraus resultierend entsteht die Notwendigkeit, sich mit Themen wie Resilienz und mentaler Gesundheit auseinanderzusetzen.

Dr. Angela Kerek kennt aus ihrer beruflichen Laufbahn diesen Leistungsanspruch in doppelter Weise. Als ehemalige Profi-Tennisspielerin und als langjährige Anwältin in internationalen Kanzleien hat sie zwei Systeme kennengelernt, in denen es darum geht, Leistung punktgenau zu erbringen. Sie kennt die ungesunden Nebenwirkungen dieser Art von Wettbewerb- und Outputorientierung aus eigener Anschauung. Aus ihrer sportlichen Biografie ist ihr jedoch der professionell konstruktive Umgang mit Belastungen, Niederlagen und Krisen durch die Förderung der individuellen Resilienz und mentalen Stärke bekannt und daher bewusst, wie entscheidend diese Faktoren nicht nur für den beruflichen/sportlichen Erfolg, sondern auch für die persönliche Zufriedenheit und mentale Gesundheit sind.[1] Ähnlich wie im Spitzensport bedarf es ihres Erachtens auch in dieser Branche der Einsicht, dass die langanhaltende 24/7-Verfügbarkeit für Mandaten und Mandantinnen Mitarbeitenden nicht möglich ist und dass es ungesund und auf Dauer nicht zielführend ist, „durchzupowern".

Dr. Angela Kerek hat daher vor dem Hintergrund ihrer Erfahrungen im Leistungssport für Morrisson & Foerster das ganzheitliche Gesundheitsprogramm HealthyMoFo im Berliner Büro ins Leben gerufen. Themen wie Körper, Geist, Ernährung, persönliches Wachstum und soziales Umfeld werden dabei systematisch jährlich in verschiedenen Formaten mit Mitarbeitenden thematisiert. Das geschieht ebenso in (virtuellen) Gruppenangeboten wie in Einzelgesprächen mit Vorgesetzten. Daneben werden unterschiedliche Sportangebote wie Training, Yoga und Pilates angeboten. Darüber hinaus werden in Zusammenarbeit mit der Uniklinik Charité in Berlin ein schneller Zugang zu Sprechstunden mit Psychologen in Krisensituationen ermöglicht. Dieses Berliner Angebot wird ergänzt mit Schulungen aus den USA zur Früherkennung und zum Umgang mit mentalen Erkrankungen und Vorstufen dazu.[2]

Während jüngere Mitarbeitende offen für diese Angebote sind, diese aktiv nutzen und fast erwarten, dass attraktive Arbeitgeber ihnen diese unterbreiten, gibt es auch – wie bei jedem Kulturwandel – innerorganisationale Ressentiments: Scheinen doch diese Angebote auf den ersten Blick der vorherrschenden Leistungskultur in der Anwaltsbranche zunächst zu wi-

---

[1] Vgl. dazu auch Hornig, Markus & Angela Kerek: Winning Inside. Was wir vom Spitzensport für unser Berufsleben lernen können. Wien 2021.
[2] Vgl. Angela Kerek | Porträt | breaking.through (breakingthrough.de)

dersprechen. Die positive Resonanz, die das offene Gespräch über Themen wie persönliches Scheitern, Krankheiten, Depressionen oder Burn-out in einer Branche erfährt, die solche Themen in der Vergangenheit häufig mit einem Tabu belegt hat, zeigt, wie wichtig solche Programme sind. Dabei sind die „lessons learned" aus den persönlichen Krisen das Fundament für inneres Wachstum und damit für die Entwicklung individueller Resilienz.

Übertragen aus dem Leistungssport, geht es ebenso um die Bewusstwerdung innerer Muster und Antreiber wie das Wissen um und die Akzeptanz von persönlichen Grenzen. Beides prägt das berufliche wie private Handeln und entscheidet maßgeblich darüber, ob Menschen auch in unruhigen Zeiten ihre (Führungs-)Aufgaben gut, gesund und gerne langfristig erledigen können.

Mit welcher Haltung begegnen Sie beruflichen Herausforderungen? Betrachten Sie sie als Chance oder erfüllen Sie sie von vorneherein mit Ängstlichkeit und Resignation? Wieviel Pause wird individuell benötigt, wie ist der Schlaf- und Biorhythmus, sprich, wann sollte man am besten was bearbeiten? Mit welcher Grundeinstellung wird Menschen begegnet? Was sind die Motivationsfaktoren im Beruf und wie können diese erhalten respektive gestärkt werden? Was sind Momente der Entspannung und wie kann diese gefördert werden? Welche Rolle spielt in einer Branche mit hohem Konkurrenzdruck und additiver Leistungsvergütung der Vergleich mit anderen und wie wirkt sich das auf die innere Zufriedenheit aus? Wie können im Zusammenspiel von beruflichen und privaten Anforderungen Prioritäten so gesetzt werden, dass sich daraus ein sinnvolles und als positiv erlebtes Gesamtbild ergibt?

Dr. Angela Kerek ist es dabei wichtig, klarzustellen, dass es bei der Stärkung der individuellen Resilienz nicht um eine Leistungsmaximierung im Sinne von Belastbarkeit für (noch) mehr Anforderungen, sondern um die Optimierung der Performance geht – im Sinne eines besseren, klügeren und nachhaltigeren Handelns. Die Förderung der mentalen Stärke kann dabei nur prozessualen Charakter haben, da die sich ändernden Umweltanforderungen und die individuellen Erfahrungen im Laufe der Zeit ganz unterschiedliche Antworten erfordern.

Es geht also nicht per se darum, bessere Mitarbeitende zu bekommen, sondern es geht darum, Menschen in ihrem eigenen persönlichen Gleichgewicht zu fördern; das hat dann Auswirkungen auf die Zusammenarbeit im Team und mit den Mandantinnen und Mandanten. .

Der Resilienz- und Business-Coach Wolfgang Muy teilte im Workshop Einblicke in einen umfangreichen Organisations- und Personalentwicklungsprozess, den die Diakonie Lahn Dill (DLD) in den Jahren 2017–2020 durchlaufen und den er dort maßgeblich inhaltlich verantwortet hat. Ziel dieses Prozesses war es, „Mit resilienten Beschäftigten und resilienter Organisation zum Sozialdienstleister 4.0"[3] zu werden.

Vor dem Hintergrund einer älter werdenden Belegschaft, vielfältiger werdender Aufgaben, steigender Anforderungen vonseiten der Kostenträger und Kundinnen und Kunden sowie einer nicht zufriedenstellender Mitarbeitendenzufriedenheit bestand hier Handlungsbedarf, wenn die Diakonie Lahn Dill mit ihren 130 Mitarbeitenden auch in Zukunft ihre Rolle als wichtige Dienstleisterin der Sozialwirtschaft im Lahn-Dill-Kreis wahrnehmen wollte.

Im Rahmen eines dreijährigen ESF-Projektes der Programmlinie Rückenwind[+] wurde daher angestrebt, die personale und organisationale Resilienz der Organisation zu stärken. Unter organisationaler Resilienz werden dabei die Konfigurationen von Strukturen und Prozessen einer Organisation verstanden, die es ermöglichen, dass „das System auch unter Druck flexible Handlungsoptionen entwickeln und umsetzen kann"[4].

Denn Ergebnisse einer Mitarbeiterbefragung aus dem Jahr 2015 hatten aufgezeigt, dass ca. 70 Prozent der Beschäftigten mit ihren aktuellen Arbeitsbedingungen unzufrieden waren. Eine weitere Befragung von 2016 zeigte Handlungsbedarf hinsichtlich der psychischen Belastungsfaktoren auf. Eine überdurchschnittliche Krankenquote sowie eine unterdurchschnittliche Zahl von qualifizierten Bewerbungseingängen erhöhten den Handlungsdruck.

Vor diesem Hintergrund entstand die Idee, eine Art regelmäßigen „Resilienz-TÜV" auf der Basis des H.B.T. Resilienz Kompass einzuführen, denn die DLD musste wieder einen neuen „Zugang zu eigenen Stärken und Ressourcen gewinnen, flexiblere Strukturen schaffen, die Kommunikation verbessern und die Führungskultur einer kritischen Bestandsaufnahme unterziehen sowie den veränderten lebensphasenspezifischen Bedarfen der Beschäftigten neu Rechnung tragen."[5]

---

3 Vgl. Diakonie Lahn Dill (Hrsg.): „Mit resilienten Beschäftigten und resilienter Organisation zum Sozialdienstleister 4.0". Projektbericht. Wetzlar 2020: 2017000029_Diakonie-Lahn-Dill_Projektdokumentation.pdf (bagfw-esf.de)
4 Ebd.
5 Ebd.

Der H.B.T. Resilienz Kompass umfasst verschiedene, für die Resilienz einer Organisation zentrale Bereiche: Unternehmenskultur, Gesundheit/Life Balance, Kommunikation/Prozesse sowie Beziehung/Führung.

„Das Besondere an dem Konzept der Resilienz nach dem H.B.T. Kompass sind der vorausplanende Blick sowie der Fokus auf Ressourcen und Möglichkeiten statt auf Defizite. Insofern hat jeder Mensch, jedes Team und jede Organisation resiliente Fähigkeiten, die es zu entdecken, anzuwenden und auszubauen gilt. Wer ein Unternehmen dauerhaft stabil und anpassungsfähig gestalten möchte, muss auf mehreren Ebenen gleichzeitig denken, planen und handeln. Er/Sie sollte:

1. das Individuum stärken: Die Einzelperson – ob Vorstand/Vorständin, Geschäftsführer*in, Führungskraft oder Mitarbeiter*in – in ihrer individuellen Rolle und Befähigung stärken und zu optimaler Umsetzung befähigen;
2. die soziale Interaktion verbessern: Das Zusammenspiel der einzelnen Akteure und Teams optimieren;
3. das Umfeld verbessern: Auf struktureller Ebene Bedingungen schaffen und dauerhaft implementieren, die eine kraftvolle Entfaltung der Potenziale ermöglichen." 6

Neben Führungskräfteschulungen und einer Qualifizierung fast aller Beschäftigter wurden Arbeitsgruppen zu den Themen Gesundheitsmanagement, Vereinbarkeit von Familie und Beruf, neue Arbeitszeitmodelle, Teamkultur/Teamspirit eingeführt und die Möglichkeit zu individuellem Resilienz-Coaching geschaffen.

Thematisch befassten sich die Führungskräftequalifizierungen mit grundlegenden Themen wie Stressmanagement, Führen durch Vorbild, gelebte Werte und Umgang mit Veränderungen und zentralen Aspekten der organisationalen Resilienz wie „Aufgaben, Ziele und Visionen des gesamten Teams, Belastungsfähigkeit der Mitglieder und des Teams, offene Stärken- und Schwächenanalysen, ‚Energieräuber' identifizieren und schrittweise auflösen, aktiver Umgang mit Konflikten, Rollenklärung und Optimierung der Besetzung, kreative Bewältigung von Stress, Druck und Überbelastung. Teamstärke nach innen und außen sowie gezielte Schritte zur Minimierung von Reibungsverlusten."7

---

6 Ebd.
7 Ebd.

Neben Maßnahmen zur Förderung der organisationalen Resilienz wurden auch hier Schulungen/Begleitung hinsichtlich der Stärkung von personaler Resilienz angeboten, um innere Stabilität, Klarheit über den eigenen Standort, Werte, Ziele, Visionen sowie kompetente Selbststeuerung, Selbstwirksamkeit, gelungene Kommunikation als Basis effizienter Interaktion, Loslösung von einschränkenden Denk- und Handlungsmustern, gezielte Burn-out-Prävention sowie Erschließung zuverlässiger Kraftquellen zu schaffen.

Dieses umfangreiche Projekt wurde wissenschaftlich begleitet durch Prof. Dr. Dieter Zapf von der Frankfurter Goethe-Universität. Ungefähr 70 Prozent der Mitarbeitenden und Führungskräfte nahmen an der wissenschaftlichen Befragung zu Beginn des Projektes im Jahr 2017 und am Ende des Projektes im Herbst 2020 teil.

Im Laufe des Projektzeitraumes konnten signifikante positive Veränderungen in den Bereichen „Teamkultur, Erleben von organisationaler Ungerechtigkeit und negativer Teamatmosphäre"[8] festgestellt werden. „Gravierend verbesserte Werte werden bei dem erlebten Zeitdruck und der Unsicherheit der Zielerreichung registriert. Im Bereich der psychosomatischen Beschwerden wird ein deutlicher Effekt bzgl. verringerter emotionaler Erschöpfung nachgewiesen."[9]

Die Anzahl steigender qualifizierter Bewerbungen auf ausgeschriebene Stellen beweist eindrücklich, dass dieses Projekt auch auf die Steigerung der Arbeitgeberattraktivität einzahlt, ein gesunkener Krankenstand ergänzt die positiven Effekte dieser Maßnahme.

Wenn wie eingangs beschrieben „komplizierte Strukturen und damit verbundene lange Entscheidungswege, starre Hierarchien, mangelnde bereichsübergreifende Zusammenarbeit, Teamkulturen, die Kollaboration nicht befördern, sondern Einzelkämpferinnen und -kämpfer belohnen, ein nicht existentes Wissensmanagement und eine Unternehmenskultur, die die Interessen der Mitarbeitenden nicht im Blick hat" einige Merkmale von Organisationen darstellen, die Gefahr laufen, aktuellen Anforderungen nicht mehr gerecht zu werden, so zeigt dieses Projekt exemplarisch, wie die zuvor genannten strukturellen und kulturellen organisationalen Dimensionen angegangen werden können, um die Resilienz und damit auch die Agilität und Handlungsfähigkeit von (sozialen) Organisationen zu steigern

---

8 Ebd.
9 Ebd.

Das Vorhaben verdeutlicht auch, dass in dienstleistungsorientierten Branchen wie der Sozialwirtschaft die Arbeit an der Organisationskultur zentral für die Performance der Organisation ist oder anders formuliert: „Wer nach außen stark sein will, muss nach innen arbeiten." Die Stärke, Gesundheit und letztendlich auch Resilienz einer Organisation lässt sich daher nur bedingt in Finanzkennzahlen festmachen. Gerade im Kontext von VUCA- und BANI-Modellen[10] ist die Frage nach der Resilienz von Mitarbeitenden und Führungskräften sowie die Frage nach einer innovationsfördernden Einrichtungskultur mindestens ebenso entscheidend für die Zukunftsfähigkeit von Organisationen.

Literatur

Hornig, Markus & Angela Kerek: Winning Inside. Was wir vom Spitzensport für unser Berufsleben lernen können. Wien 2021

Diakonie Lahn Dill (Hrsg.): Mit resilienten Beschäftigten und resilienter Organisation zum Sozialdienstleister 4.0". Projektbericht. Wetzlar 2020: 2017000029_Diakonie-Lahn-Dill_Projektdokumentation.pdf (bagfw-esf.de)

---

10 VUCA als Akronym für Volatil, Unsicher, Brüchig und Ambigue sowie BANI als Akronym für Brittle, Anxious, Non-linear, Incomprehensible werden in der aktuellen Management-Literatur vielfach als Modelle für die Beschreibung von Organisationsumwelten herangezogen.

Sozialdienstleister 4.0 – Vom diakonischen Frachter zum agilen Segelboot: „Alle in einem Boot – auf zu neuen Ufern"

Wolfgang Muy

Ein innovativer Sozialdienstleister auf dem Weg zur agilen und widerstandsfähigen Organisation. Ein dreijähriger Prozess mit nachweisbaren Auswirkungen. Die Diakonie Lahn Dill (DLD) zeigt auf, wie der Spagat gelingt, als Arbeitgeber die Herausforderung von starken Belastungen, ständigem Druck und hoher Geschwindigkeit zu meistern und gleichzeitig die Beschäftigten in der Organisation zu (be-)stärken. Die ersten wirkungsvollen Ergebnisse des Weges zur Stärkung der organisationalen und persönlichen Resilienz werden hier aufgezeigt.

1. Goethe-Universität Frankfurt belegt substanzielle Auswirkungen

Schlagzeilen machen die ersten Analysewerte der wissenschaftlichen Untersuchung der Goethe-Universität unter der Leitung von Prof. Dr. Dieter Zapf (Work and Organizational Psychology Institute of Psychology, Scientific Director, Center für Leadership und Behavior in Organisations) im August 2020, die im Spätherbst 2020 der Öffentlichkeit vorgestellt werden. 70 Prozent der 125 Mitarbeitenden und Führungskräfte der Diakonie Lahn Dill nahmen an der Erstanalyse im Frühjahr 2017 und der Endbefragung im November 2020 teil.

Was besagen die ersten Analysewerte? Substanzielle positive Veränderungen sind im Bereich der Teamkultur, des Erlebens von organisationaler Ungerechtigkeit und negativer Teamatmosphäre feststellbar. Gravierend verbesserte Werte werden bei dem erlebtem Zeitdruck und der Unsicherheit der Zielerreichung registriert. Im Bereich der psychosomatischen Beschwerden wird ein deutlicher Effekt bezüglich verringerter emotionaler Erschöpfung nachgewiesen. Dies sind die Schlagzeilen aus dem Kurzreview der Untersuchung, die im Spätherbst 2020 veröffentlicht wird.

2. Ausgangslage – vom Strukturwandel zum Kulturwandel

Die Diakonie Lahn Dill arbeitet an der Firmenkultur und zeigt: Wer nach außen stark sein will, muss nach innen arbeiten. Wie gesund und stark ist Ihr Unternehmen? Wer diese Frage in Sozialwirtschaftskreisen stellt, sieht sich schnell mit Kennzahlen und Kurven konfrontiert. Fragt da einer wie stark Mitarbeitende und Führungskräfte sind? Wie innovativ und fördernd die Einrichtungskultur ist, sodass Ergebnisse sich beiläufig selbst einstellen? Die Diakonie Lahn Dill begab sich auf den Weg. Drei Jahre lang.

Die Belastungsfaktoren am Arbeitsplatz im Frühjahr 2016 zeigten, dass in allen Unternehmensbereichen gravierende Probleme bestehen. Der Krankenstand lag mit 21,06 Tagen über dem bundesweiten Durchschnitt, auf Stellenausschreibungen bewarben sich unterdurchschnittlich wenig qualifizierte Bewerber. Nur 10 Prozent der Mitarbeitenden nutzen die angebotenen Informations- und Kommunikationskanäle im Intranet. Die DLD musste Zugang zu eigenen Stärken und Ressourcen gewinnen, flexiblere Strukturen schaffen, die Kommunikation verbessern und die Führungskultur einer kritischen Bestandsaufnahme unterziehen. Der veränderten lebensphasenspezifischen Bedarfe der Beschäftigten musste neu Rechnung getragen werden.

Dabei zeigte sich die Diakonie Lahn Dill schon seit 25 Jahren innovativ nach außen mit deutschlandweiten Modellprojekten. Es kam innerhalb von 30 Jahren zu einem enormen Wachstum von 3 auf 125 Beschäftigte. Innovation nach innen war sporadisch im Visier. Das durchschnittliche Alter der Beschäftigten lag bei 48 Jahren, ein zunehmender Konkurrenzdruck baute sich im Sozialbereich auf. Eine Art Burgendenken in den verschiedenen Abteilungen der schnell gewachsenen Organisation hemmte die Innovationskraft und die Identifikation mit der Gesamtorganisation.

3. Vorgehen des dreijährigen Prozesses

Das Projekt der DLD setzte an der Führungskultur, der internen und externen Kommunikation, des Qualitäts- und Gesundheitsmanagement wie der Produktentwicklung und den Arbeitsstrukturen an. Ein umfassender Organisations- und Personalentwicklungsprozess hin zu resilienten Mitarbeiterinnen und Mitarbeitern und einer resilienten Organisation wurde in Angriff genommen. Ein zentraler Lösungsansatz bewirkte die Implementierung des H.B.T. Resilienz Kompass.

Das Besondere an dem Konzept der Resilienz nach dem H.B.T. Kompass sind der vorausplanende Blick sowie der Fokus auf Ressourcen und Möglichkeiten statt auf Defizite. Insofern hat jeder Mensch, jedes Team und jede Organisation resiliente Fähigkeiten, die es zu entdecken, anzuwenden und auszubauen gilt. Wer ein Unternehmen dauerhaft stabil und anpassungsfähig gestalten möchte, muss auf mehreren Ebenen gleichzeitig denken, planen, handeln und sollte

das Individuum stärken: Die Einzelperson – ob Vorstand, Geschäftsführer, Führungskraft oder Mitarbeiter in ihrer individuellen Rolle und Befähigung stärken und zu optimaler Umsetzung befähigen;

die soziale Interaktion verbessern: Das Zusammenspiel der einzelnen Akteure und Teams optimieren;

das Umfeld verbessern: Auf struktureller Ebene Bedingungen schaffen und dauerhaft implementieren, die eine kraftvolle Entfaltung der Potenziale ermöglichen.

Rückenwind+ heißt das Programm des Europäischen Sozialfonds, auf das sich die 130 Mitarbeitenden Anfang 2017 eingelassen hatten. Durch den *Rückenwind+*-Prozess gewinnt aktuell die DLD Zugang zu eigenen Stärken und Ressourcen, schafft flexiblere Strukturen, verbessert die Kommunikation und die Führungskultur unterzieht sich einer kritischen Bestandsaufnahme.

Der umgesetzte Lösungsansatz fokussiert den Weg zur organisationalen und persönlichen Resilienz. Durch die organisationale Resilienz werden aktuell unsere Strukturen und Prozesse so konfiguriert, dass das System auch unter Druck flexibel Handlungsoptionen entwickelt und umsetzt, was am Beispiel der Auseinandersetzung mit dem Bundesteilhabegesetz deutlich erkennbar ist.

Die parallel installierten Teamkultur-, Gesundheits- und Work-Life-Balance-Zirkel sowie Kommunikationsforen begleiten den Umbau. Transfer, regelmäßige Öffentlichkeitsarbeit, Integration weiterer Interessensgruppen finden überdies statt. Es gab Workshops, Coaching und ehrliche Bestandsaufnahmen. Alles kam auf den Prüfstand. Im Kern ging es darum, die persönliche und organisationale Resilienz von Mitarbeitenden und die Organisation selbst zu fördern. Das klingt erst einmal positiv, nach aufatmen. Wer sich das Klima in einem Unternehmen anschaut und öffentlich macht, kann aber auch richtig Gegenwind ernten, zumal auch die Diakonie der Herausforderung ausgesetzt war, den Spagat zu gestalten: ein attraktiver Arbeitgeber und gleichzeitig ein konkurrenzfähiges, mittelständisches Wirtschaftsunternehmen zu sein. Die Herausforderungen waren glasklar: Die

Belastungen der Mitarbeitenden im Sozialbereich waren und sind immens, die Beanspruchungen hoch. So hoch, dass der Geschäftsführer am Anfang von *Rückenwind⁺* die Segel streichen musste: Er war leergelaufen und brauchte zwei Monate Auszeit und ging mit dieser Grenzerfahrung offen im Unternehmen um. Er ermutigte die Führungskräfte und Mitarbeitenden, sich offen dem Thema Burn-out zu stellen. Ja, es geht um Ehrlichkeit. Wer sich ehrlich macht, fördert schwierige Themen zutage, führt Diskussionen an der Tabuzone und bringt sie im besten Fall voran.

Mit was beschäftigten sich die Mitarbeitenden und Führungskräfte bei der Auseinandersetzung mit dem Thema personale und organisationale Resilienz? Inhaltlich geht es bei der personalen Resilienz um innere Stabilität, Klarheit über Standort, Werte, Ziele, Visionen. Um das Geben und Nehmen im Gleichgewicht, kompetente Selbststeuerung und Selbstwirksamkeit, gelungene Kommunikation als Basis effizienter Interaktion, Loslösung von einschränkenden Denk- und Handlungsmustern, gezielte Burn-out-Prävention und der Erschließung zuverlässiger Kraftquellen. An den zweitägigen Schulungen nahmen insgesamt 101 Beschäftigte teil. Diese Schulungen fanden bewusst bereichsübergreifend statt.

Am Modul organisationale Resilienz nahmen insgesamt 110 Beschäftigte teil. Die Führungskräfte schulten sich insgesamt sechs Trainingstage zum Thema Stressmanagement, Führen durch Vorbild, gelebte Werte und Umgang mit Veränderungen. Die jeweiligen Unternehmensbausteine hatten jeweils zweitägige Seminare und konnten nach Bedarf eine vertiefende Nachschulung buchen. Inhaltlich ging es beim Modul organisationale Resilienz um Aufgaben, Ziele und Visionen des gesamten Teams, die Belastungsfähigkeit der Mitglieder und des Teams sowie eine offene Stärken- und Schwächenanalyse. Außerdem darum, „Energieräuber" zu identifizieren und schrittweise aufzulösen, den aktiven Umgang mit Konflikten und Rollenklärung sowie der Optimierung der Besetzung, der kreativen Bewältigung von Stress, Druck und Überbelastung. Teamstärke nach innen und außen. Gezielte Schritte zur Minimierung von Reibungsverlusten.

Sie denken sich nun sicher, was für ein Zeitaufwand!? Ja, das ist eine Investition! Wir konnten durch die gezielte Fokussierung auf den *Rückenwind⁺*-Prozess und der bewussten Reduzierung sonstiger Fortbildungsmaßnahmen in den drei Jahren für Entlastung sorgen.

Die Zirkel erarbeiteten Vorschläge von Maßnahmen zur Stärkung des sozialen Netzwerkes und zur Unterstützung der lebenszyklusorientierten Personalarbeit. Arbeitszeitmodelle bezüglich Beruf und Familie, Life-Balance-Orientierung, Gestaltung des Arbeitsplatzes und Best Practices aus den Abteilungen wurden in Pilotprojekten entwickelt und umgesetzt.

4. Wirkfaktoren des Rückenwind⁺-Prozesses der DLD

Durch die hohe Teilnehmeranzahl an den Resilienz-Schulungen konnte die Durchdringung der Wirkfaktoren erhöht werden. Dabei wurde deutlich, dass es in den Teams zum Teil Konfliktscheue, ein zu nettes Umgehen miteinander, aber auch ein gewisses Burgendenken zwischen den Häusern und auch bei den Führungskräften gab, sowie eine zum Teil fehlende Ergebnisorientierung in der Sozialen Arbeit.

Die gleich zu Beginn des Prozesses installierte, hierarchieübergreifende Steuerungsgruppe und die hohe Beteiligung aller Beschäftigten an irgendeiner Stelle des Prozesses bewirkte, dass ein Viertel aller Beschäftigten im Prozess punktuell mitwirkten und damit eingebunden waren. Die Arbeit der vier Zirkel zu den Bereichen Gesundheit, Work-Life-Balance, Kommunikation und Teamkultur brachten wichtige Impulse und führten neue Angebote in den beiden Jahren 2018 und 2019 durch. So waren ein Viertel aller Mitarbeitenden und Führungskräfte aktiv bei den innovativen Entwicklungen und Angeboten beteiligt.

Mit der Durchführung der häuserübergreifenden Veranstaltungen konnten viele der Beschäftigten über den Tellerrand ihres eigenen Arbeitsbereichs schauen, was sich auf die Verbundenheit im Gesamtunternehmen auswirkte. Nach den Schwachstellen in den Abteilungen wie auch bei den Führungskräften zu schauen und Veränderungen anzustoßen, führte zu einer erhöhten Authentizität des Prozesses. Gerade bei den Führungskräftetrainings wurde deutlich, dass die Führungskräfte am Anfang kaum eine Führungsmannschaft mit gemeinsamen Zielen, Werten und Visionen bildete.

Die zurückliegenden und zukünftigen Resilienz-Trainings für die Mitarbeitenden wie für die Teams helfen dabei, Veränderungen mit mehr Gelassenheit anzugehen und offen neue Wege auszuprobieren. Angesichts der aktuellen Corona-Pandemie und deren weitgreifenden Auswirkungen haben wir die Möglichkeit, das Erarbeitete in die Praxis umzusetzen und weitere Potenziale im Umgang auch mit gravierenden Herausforderungen zu erarbeiten.

5. Störfaktoren des Prozesses der DLD

Anfangs gab es kritische Stimmen: Wir führen gerade ein neues Softwaresystem ein und dann noch parallel das *Rückenwind⁺*-Programm! Und dann haben wir noch die systemveränderte Umsetzung des Bundesteilhabegesetzes, das einen enormen Aufwand und Neuland bedeutet. Wir haben dann aber erkannt, dass sich die Themen von *Rückenwind⁺* keineswegs störend auf die weiteren Baustellen auswirkten, sondern im Gegenteil eine Quelle von Innovation, über den Tellerrand schauen und das gestärkte Zusammengehörigkeitsgefühl förderlich für Lösungen und eine erhöhte Flexibilität war. Es führte nämlich zu neuen vernetzten Angeboten in der DLD – speziell im Bereich von psychisch erkrankten Menschen. Die intensivierte, übergreifende und flexibilisierte Angebotsorientierung statt Institutionsorientierung verschafft uns im Umgang mit den Auswirkungen des Bundesteilhabegesetzes einen wichtigen synergetischen wie auch einen Marktvorteil.

Dass unser Geschäftsführer am Anfang von *Rückenwind⁺* aufgrund eines Burn-outs die Segel streichen musste, war erst einmal schockierend. Dass er mit dieser Grenzerfahrung offen umging, war wiederum ein Vorteil. Denn er ermutigte die Führungskräfte und Mitarbeitenden, sich offen dem Thema Burn-out zu stellen. So war auch aus diesem „Störfaktor" letztlich ein hautnaher Umgang mit Herausforderung auch in der Führungsriege zu spüren. Ja es geht um Ehrlichkeit. Wer sich ehrlich macht, fördert schwierige Themen zutage, der führt Diskussionen an der Tabuzone und bringt sie im besten Fall voran.

Mitten im Prozess von *Rückenwind⁺* entschied sich der zuständige Kirchenkreis eine Kürzung des Etats der DLD um 160.000 Euro jährlich vorzunehmen. Nach Entrüstung, Verärgerung und Wut folgte aber relativ bald ein konstruktiver Prozess unter Zuhilfenahme der Schulungstools des Resilienztrainings im Umgang mit Herausforderungen. Das führte zu einem Bündel an Maßnahmen, aber auch zum Loslassen-Können im Umgang mit der finanziellen Veränderung.

Mit der Corona-Krise folgte der nächste Störfaktor für die Post-*Rückenwind⁺*-Zeit. Auch hier wurde aber relativ schnell deutlich, dass die Früchte der Prozesse zum Tragen kamen. Relativ offen und unkompliziert waren Beschäftigte und Führungskräfte in der Lage, sich mit den immensen Herausforderungen auseinanderzusetzen und nach Lösungen auch bereichsübergreifend Ausschau zu halten. Das veränderte Burgendenken hin zum Schulterschluss unter den Unternehmensteilen hatte hier eine besondere

Auswirkung. Die Post-Corona-Strategien können aktuell wirkungsvoll umgesetzt werden.

6. Results

Nach zweieinhalb Jahren wurde aus Führungsmenschen eine Führungsmannschaft. Es kam durch die einrichtungsübergreifenden Workshops Bewegung unter den Mitarbeitenden zustande. Mitarbeitende aus allen Ebenen wirkten am Prozess mit und waren beteiligt. Vom Burgendenken kam es nach und nach zum Schulterschluss der Einrichtungsteile, sodass beste Voraussetzungen entstanden, den aktuellen Herausforderungen innovativ und agil zu begegnen. Agilität ist letztendlich die Frucht sehr verschiedener Ansatzpunkte und einer ehrlichen und ernst gemeinten Auseinandersetzung mit der Unternehmenskultur. Die Maßnahmen der Diakonie Lahn Dill haben tiefer angesetzt, Gesundheit wurde umfassender gedacht, sowohl bei den einzelnen Mitarbeitenden als auch bei den Teams. Letztendlich geht es darum, aus einem Strukturwandel einen Kulturwandel zu schaffen: Aus „Diakonie – Stark für Andere!" eine „Diakonie – Stark für Andere, stark für mich, stark für uns" werden zu lassen! Das Auf und Ab um uns herum hört nicht auf, aber wir haben an Robustheit gewonnen und können mit schwierigen Situationen besser umgehen.

Erleben von Schulterschluss im Unternehmen:

Schon im Laufe des Jahres 2019 konnte eine zunehmende Beteiligung an übergreifenden Veranstaltungen in allen Unternehmensbereichen festgestellt werden. Junge Mitarbeitende erlebten sich gestärkt durch das neue Angebot „Stark für den Start", die Gesundheitsnachmittage wurden rege bereichsübergreifend wahrgenommen und das geplante Betriebserlebnisfest ließ spüren, dass wir in Sachen Unternehmenskultur auf ganz neuen Wegen sind – dieses musste wegen der Corona-Krise jedoch auf 2021 verschoben werden. Bei der Abschlussveranstaltung im November 2019 gab es ermutigende Rückmeldungen hinsichtlich der veränderten Unternehmenskultur: „positive Aufbruchsstimmung", „Zirkel haben viel bewirkt!", „Vorstand ist ‚greifbarer' geworden", „Verknüpfung der einzelnen Häuser zu einem großen Ganzen", „gewachsenes Gemeinschaftsgefühl, stärkere Identifikation mit der DLD", „Zeit und Mut für Veränderung/neue Projekte", „80 Prozent schätzen die praktische Anwendbarkeit der Schulungen und 90 Prozent möchten weitere Vertiefungen in den Folgejahren" – dies sind nur einzelne Stimmen der anonymen internen Auswertung. Die am Anfang beschriebenen Analysewerte der Goethe-Universität unterstreichen wissenschaftlich diese Rückmeldungen.

Bemerkenswert sind auch die aktuellen Veränderungen im Blick auf die Attraktivität als Arbeitgeber. In der Region spricht sich unser „Wandel" herum, da auch die örtliche Presse darüber umfangreich berichtete. Statt fünf Bewerbungen auf eine neue Verwaltungsstelle erhalten wir jetzt 90! Für die interessierten Bewerber*innen sind unsere implementierten *Rückenwind*⁺-Ausrichtungen enorm attraktivitätserhöhend.

Auch was die Entwicklung unseres Krankstandes angeht, gab es spürbare Verbesserungen. So nahmen die Krankheitstage im Vergleich zum Beginn des Prozesses um 20 Prozent ab.

Nachfragen zur Veranschaulichung unseres Prozesses von anderen Sozialdienstleistern und mittelständischen Unternehmern aus der Region nehmen zu. Es kommt zu Teilimplementierungen unseres Prozesses an anderen Stellen.

Wir bauen ein Kompetenzbündel auf, um Komplexität zu meistern. Fangen Sie mit kleinen Schritten an! Sagen Sie „Ja" dazu, in ihrer Organisation die bisherige Fahrspur zu verlassen und haben Sie Mut, etwas Neues zu wagen.

Verantwortung und Innovation

Norbert Kunz

Vorbemerkung

Wenn man sich im September 2022 mit dem Thema „Verantwortung und Innovation" auseinandersetzt, kommt man nicht umhin, eine Bewertung der aktuellen Situation vorzunehmen.

Wir stehen vor den größten gesellschaftlichen Herausforderungen seit dem Zweiten Weltkrieg. Das haben wir schon während der Corona-Pandemie gedacht, aber nun überlagern sich die Ereignisse.

Der völkerrechtswidrige Einmarsch Russlands in die Ukraine hat ein politisches Trauma hervorgerufen und uns gezwungen, Entscheidungen zu treffen, die für uns vor einem Jahr noch unvorstellbar waren. Das war Verantwortungsübernahme.

Infolgedessen aber sind die Energiepreise explodiert, die Inflation hat sich beschleunigt – ein Stopp ist nicht in Sicht. Die Einkommen und die Ersparnisse werden entwertet. Eine Zunahme von Betriebsaufgaben und Insolvenzen – insbesondere von Kleinunternehmen – ist zu befürchten. Damit einher geht auch der Verlust von Arbeitsplätzen mit entsprechend negativen Folgen in Bezug auf die Daseinsvorsorge – vor allem in ländlichen Regionen. Auch das fordert Verantwortungsübernahme!

1. Ökonomische und soziale Entwicklungstrends

Bereits vor der Pandemie hatte Deutschland eine Vielzahl sozialer Probleme: Die Armut in Deutschland hat ständig zugenommen. Fast jede/r Sechste in Deutschland ist von Armut bedroht.[1] Betroffen sind nicht nur

---

[1] https://www.tagesschau.de/inland/gesellschaft/armut-deutschland-115.html (zuletzt abgerufen am: 16. Mai 2023)

arbeitslose Menschen oder Rentner*innen, sondern auch die Beschäftigten im Niedriglohnsektor.[2]

Über die Armutsverhältnisse wird und wurde in Deutschland wenig diskutiert, stattdessen wird der Blick lieber auf den Erfolg der Wirtschaft und auf den scheinbaren Wohlstand des Mittelstandes gerichtet. „Weiter so" – war die Devise.

Weder wurden in einem angemessenen Maße klimapolitische Ziele definiert und entsprechende Maßnahmen ergriffen, noch fand eine systematische Auseinandersetzung mit den Folgen der Digitalisierung statt. Es ist aber nicht so, dass die Digitalisierung an uns vorübergeht, sondern sie wirkt sich jetzt schon nachhaltig auf unser Sozialsystem aus.

Ja, wir haben einen Facharbeiter*innenmangel und wir wissen, dass die Digitalisierung zunächst Einfacharbeitskräfte ins Visier nimmt und überflüssig macht. In den letzten Jahren hat sie allerdings nicht nur Arbeitskräfte ersetzt, sondern vor allem eine Verschiebung des Beschäftigungspotenzials in den Billiglohnsektor verursacht.

Inzwischen arbeiten ca. ein Fünftel aller Beschäftigten in Deutschland im Niedriglohnsektor. Jeder fünfte Job wird in Deutschland mit weniger als 12,50 Euro brutto pro Stunde entlohnt. Trotzdem hat uns der Mangel an Fachkräften mehr beschäftigt als die miserablen Arbeits- und Lebensbedingungen von 10 Millionen Menschen, die arbeitslos sind oder unter prekären Beschäftigungsverhältnissen leben.

Die Erhöhung des Mindesteinkommens war ein wichtiger Schritt, nun wird dieses aber durch die Inflation aufgezehrt. Und die Digitalisierung wird sich weiter ausbreiten und eine Schneise schlagen.

Betrachten wir konkrete Beispiele: Die Transportfahrer*innen bei DHL sind selbstständig. Sie bauen faktisch keine Rentenversicherung auf und ihre Einzahlungen in die Kranken- und Pflegekassen sind entsprechend gering, wenn sie überhaupt in die gesetzliche Sozialversicherung einzahlen. Die Zunahme des Billiglohnsektors beeinträchtigt in negativer Weise die Finanzierungsmöglichkeiten unserer sozialen Sicherungssysteme.

Die Fahrer*innen der DHL werden so lange ihren Job behalten, wie sie die Pakete billiger liefern können als digital gesteuerte Transportsysteme. Das gilt auch für Taxi- oder Uberfahrer*innen. Diese Jobs werden auch nur so lange existieren, bis das automatische Fahren erlaubt ist. Den Beruf des/der Verkäufers:in an der Kasse wird nur so lange Bestand haben,

---

2 https://www.destatis.de/DE/Themen/Arbeit/Arbeitsmarkt/Qualitaet-Arbeit/Dimension-2/niedriglohnquote.html (zuletzt abgerufen am: 16. Mai 2023

bis sich automatisierte Kassen durchgesetzt haben; die Servicestellen von Banken werden schon jetzt weitgehend durch Onlinebanking vom Markt verdrängt und müssen schließen.

Bisher ist mir kein Konzept und auch keine politische Strategie bekannt, wie man diesem Prozess begegnen will, berufen wird sich darauf, dass auch neue Arbeitsplätze in der Digitalbranche entstehen oder die Arbeitslosen nun beispielsweise nach Umschulung in der Pflege Anstellung finden werden. Dies ist sehr optimistisch gedacht: Ich stelle mir vor, wie ein/e geübte/r Lkw-Fahrer*in nun zur Pflegekraft oder zum/zur IT-Programmierer*in mutiert.

Gleichzeitig sind die Reichen in den letzten Jahren immer reicher geworden. Ihre Einkommen sind überproportional gestiegen und da sie ihr Vermögen in Immobilien und Aktien angelegt haben, welche wiederum enorm an Wert gestiegen sind, ist die Kluft zwischen Arm und Reich noch größer geworden.

Im Ergebnis hat die wirtschaftliche Entwicklung der letzten 20 Jahre zu einer tieferen Spaltung der Gesellschaft und einer Aushöhlung der Sozialsysteme geführt.

Diesem Auseinanderdriften wurde mit steuerlichen Interventionen nicht entgegengewirkt, stattdessen wurde unter dem Motto „Weiter so" Stillstand kultiviert und die soziale Ungleichheit massiv durch eine ungerechte Verteilung gesellschaftlicher Kosten befördert.

Wie vulnerabel die Einkommens- und Vermögenssituation vieler Menschen in Deutschland ist, wurde von den Entscheidungsträger*innen geflissentlich übersehen. Man suggerierte, es träfe nur einen kleinen Kreis der Bevölkerung. Aber betroffen ist nicht nur die Gruppe der armutsbedrohten Menschen in Deutschland, sondern 40 Prozent der Menschen in Deutschland konnten in der Vergangenheit keine Vermögensreserven aufbauen. Sie haben somit privat keine Absicherung für Notfälle, für Krisen, für die Familie oder im Alter.

Dieser große Bevölkerungsanteil wird von den aktuellen inflationären Entwicklungen in einem besonderen Maß getroffen. Das Einkommen reicht nicht aus, um die laufenden Kosten zu decken. Auf Ersparnisse kann nicht zurückgegriffen werden. Die Menschen geraten in existenzielle Not.[3]

Durch die akute Krise reduziert sich die Sparfähigkeit weiter. Nach Einschätzungen des Deutschen Instituts für Wirtschaftsforschung sind inzwi-

---

3 Vgl: https://www.diw.de/de/diw_01.c.851101.de/nachrichten/die_soziale_notlage_trifft_schon_laengst_die_breite_masse.html (zuletzt abgerufen am: 16. Mai 2023)

schen 60 Prozent der Deutschen nicht mehr in der Lage, Rücklagen zu bilden. Das birgt hohe Risiken und eine akute Gefahr, dass das Gerüst, auf dem das „sozial" in soziale Marktwirtschaft beruht, zusammenstürzt. Wir benötigen dringend ein politisches Konzept, wie wir die gesellschaftliche Krise, in der wir uns befinden und deren weitere Folgen verheerend sein können, meistern wollen. Es muss dringend Verantwortung übernommen werden für die sozialen Missstände, die schon vor der Ukraine-Krise existierten, aber die sich durch diese weiter verschärfen.

Bisher werden Kompensationsleistungen mit der Gießkanne über alle Bürger*innen im Land verteilt – ob arm oder reich. Dies verstärkt die soziale Ungleichheit. Infrage stellen könnte man z.B., ob die Entscheidung, 100 Milliarden Euro zusätzlich für das Militär auszugeben und zukünftig mindestens 2 Prozent des Bruttoinlandsproduktes hierfür aufzuwenden, noch vertretbar ist.

Nach sechs Monaten schrecklichen Krieges in der Ukraine können wir zumindest konstatieren, dass Russland außerstande ist, die NATO anzugreifen. Russland hat es nicht geschafft, die Ukraine in die Kapitulation zu zwingen. Die Moral der Armee scheint schlecht zu sein und waffentechnisch reichen westliche Waffen aus den 1980er- und 1990er-Jahren aus, eine technische Überlegenheit der ukrainischen Armee zu erzeugen.

Und ist es wirklich verantwortungsvoll, Deutschland zur drittgrößten Militärmacht der Welt zu entwickeln – nach den USA und China? Dies impliziert nämlich die Entscheidung 2 Prozent unseres Bruttoinlandsproduktes für die Bundeswehr auszugeben. Stattdessen könnte man die 100 Milliarden Euro nutzen, um den sozialen Folgen der Energiepreisentwicklung und der Inflation entgegenzuwirken. Um verantwortungsvolle Entscheidungen zu treffen, bedarf es eines realistischen und ungefärbten Bildes von der sozialen Lage im Land.

Die Appelle der Regierung sind wohlmeinend: Senkung der Heiztemperaturen in den Wohnungen und Büros auf 19 Grad, Reduktion der Duschzeiten, Nutzung von Waschlappen. Sie ignorieren aber die soziale Wirklichkeit. Schon im letzten Winter gab es viele Menschen, die ihre Heizung nicht nutzen konnten. 19 Grad sind für diese wirklich Luxus.

Die Tafeln in Deutschland sind am Limit, da die Nachfrage in den letzten Monaten enorm angestiegen ist. Aber wir haben noch längst nicht den Kostenpeak erreicht. Die Erhöhung der Energiekosten wirkt sich bisher in privaten Haushalten noch gar nicht aus. Ich kann mir gar nicht so recht vorstellen, welche Auswirkungen eine Verdopplung oder Verdreifachung der Energiepreise mit sich bringen wird. Eine Bekannte von mir schrieb auf Facebook: „So kalt kann es gar nicht werden, dass man (als anständiger Mensch) AfD wählt." Unsere Geschichte lehrt uns das Gegenteil: Arbeitslosigkeit, Not, Hunger und die entsprechende vereinfachte Ideologie waren die Grundlage für das größte Unheil der Geschichte. Die Folgen einer gesellschaftlichen Spaltung bergen hohe Risiken, über welche im Moment nur sehr moralisierend – ohne Faktenbezug - diskutiert wird.

Verantwortung bedeutet aber auch, dass wir über unseren privaten, milieubehafteten und auch nationalen Tellerrand hinwegschauen und uns die globalen und zukünftigen Herausforderungen bewusst machen. Weiter so – geht nicht mehr.

Die Digitalisierung unserer Arbeits- und Lebenswelt kann nicht aufgehalten werden. Sie wird die Art, wie wir arbeiten, wie wir denken, wie wir kommunizieren, konsumieren, interagieren und wie wir leben, verändern. Die Individualisierung wird zunehmen, die Anspruchshaltungen werden diverser. Das Gesundheitssystem wird dazu beitragen, dass wir länger leben und mehr Pflege und Versorgung notwendig werden. Das Schulsystem ist eigentlich nicht mehr aufrechtzuerhalten und ob unser Sozialversicherungsmodell in zehn Jahren noch funktionieren wird, muss man zumindest fragen dürfen.

2. Globale Verantwortung

Die Folgen des globalen Klimawandels sind ebenfalls nicht aufzuhalten. Vor zehn Jahren wurde noch mit den Achseln gezuckt, wenn man über den Klimawandel sprach: „Spürst du was davon?", war häufig die Gegenfrage. Ja, inzwischen spüren wir alle, wie sich die Wetterlagen verändern: Es ist wärmer, wir haben mehr Unwetter, in manchen Regionen herrscht Trockenheit und Wasserknappheit. Wir merken, dass sich die Tierwelt verändert, dass viele Vögel Deutschland im Winter nicht mehr verlassen, dass weniger Insekten unterwegs sind usw.

Aber Deutschland kommt – als ein Land, welches als eine der größten Industrienationen wesentlich mitverantwortlich für den Klimawandel ist – möglicherweise noch eine Weile glimpflich davon. Andere Länder werden stärker in Mitleidenschaft gezogen: Der UN-Generalsekretär Guterres nannte die Flutkatastrophe in Pakistan ein „Klimamassaker", welches er in dieser Größenordnung noch nicht erlebt habe.[4]

Während es in Pakistan, Bangladesch und anderen Ländern zu viel Regen gibt, fehlt dieser in vielen Regionen in Afrika. Viele Menschen müssen ihre Heimat verlassen, um zu überleben. Getrieben durch Armut und Hunger wird sich die Anzahl der Flüchtenden in den nächsten zehn Jahren verdoppeln. Infolgedessen wird sich der Kampf um Ressourcen zuspitzen. Ethnische und nationale Konflikte werden zunehmen. Diese Auseinandersetzungen werden wir nicht ignorieren können, da sie die Fluchtbewegung in Richtung Europa ankurbeln werden.

Die Krise in der Ukraine hat eine verheerende Wirkung auf den globalen Süden. Millionen Menschen in Afrika, in Asien und Lateinamerika werden in Mitleidenschaft gezogen Die Lebenshaltungskosten sind weltweit deutlich angestiegen. Viele Menschen können sich selbst Grundnahrungsmittel nicht mehr leisten. Wegen fehlender Getreidelieferungen und steigender Energiepreise drohen Armuts- und Hungerrevolten in Afrika.

Wir müssen mehr Verantwortung übernehmen! Und zwar nicht nur für die Menschen in der Ukraine, sondern für alle Menschen, die unter Krieg, Verfolgung und Ausgrenzung leiden. Wir sollten uns bewusst sein, welche Folgen Entscheidungen, die wir aus unseren ureigensten Interessen treffen, für Menschen in anderen Regionen haben.

Verantwortung ist eine Verpflichtung dafür zu sorgen, dass alles einen möglichst guten Verlauf nimmt und dass das Notwendige und Richtige getan wird und möglichst kein Schaden entsteht.

3. Verantwortung und Innovation

Mit der Denkhaltung von vorgestern und den Instrumenten von gestern können wir die aktuellen und die zukünftigen Probleme nicht lösen. Verantwortung für den gesellschaftlichen Fortschritt zu übernehmen, heißt, Maßnahmen zu ergreifen, die dazu beitragen, die gesellschaftlichen Herausforderungen zu meistern. Zu dem Dogma des „Weiter so" gehört aber die Überzeugung, dass unser wirtschaftliches Wachstum auch die Instrumente hervorbringt, um unsere Probleme zu lösen. Hier wird davon ausgegangen, dass wirtschaftliche Entwicklung auch gleichzeitig zur Lösung von

---

4 https://de.euronews.com/2022/09/11/guterres-uber-flutkatastrophe-in-pakistan-ein-klima-massaker (zuletzt abgerufen am: 16. Mai 2023)

gesellschaftlichen Herausforderungen beiträgt. Dies gilt sicher in vielen Ländern nach wie vor. Für Deutschland gilt es nicht mehr. Hier hat das wirtschaftliche Wachstum – wie zuvor dargestellt – die soziale Spaltung in der Gesellschaft verstärkt und zudem eine Vielfalt an ökologischen Problemen verursacht, die wir heute zu beseitigen haben.

Aber das „Weiter so" steckt ja ganz tief in uns allen drin. Warum sollten wir Gewohnheiten aufgeben, die uns lieb sind? Warum sollten wir Prozesse verändern, wenn sie doch immer erfolgreich waren? Nehmen wir das Beispiel der Isländer*innen auf Grönland. Sie besiedelten den Süden Grönlands im 11. Jahrhundert, weil eine Zwischenwarmzeit es ermöglichte, Landwirtschaft zu betreiben. Aber dann wurde es wieder kälter. Um den Folgen entgegenzuwirken, haben die Isländer*innen die Viehzucht und Landwirtschaft intensiviert. Sie haben dies so lange gemacht, bis die letzte Kuh erfroren ist. Sie haben an ihren Gewohnheiten festgehalten, obwohl die Erträge kleiner wurden. Nun lachen wir über die Grönländer*innen.

Aber wir tun das Gleiche. Obwohl wir seit vielen Jahren wissen, dass der CO_2-Ausstoß Hauptursache für die Klimaveränderungen ist, werden weiterhin Autos mit Verbrennungsmotoren gebaut, die industrielle Landwirtschaft gefördert und Kohlekraftwerke betrieben. Obwohl wir wissen, dass für das Artensterben vor allem der Einsatz von chemisch-synthetischen Pestiziden, die Überdüngung der Böden und Monokulturen verantwortlich sind, machen wir weiter so. Obwohl wir wissen, dass in voraussichtlich 15 Jahren die Meere überfischt sein werden, halten wir an der Art des industriellen Fischfangs fest. Selbst die Betriebswirtschaftslehre hält an dem Grundsatz fest, dass es ökonomisch ist, so lange „antiquierte Verfahren" zu nutzen, wie mit ihnen noch Gewinne gemacht werden können.

Im Unterschied zu den Grönländer*innen wissen wir genau, was wir tun und welche Folgen unsere Handlungen haben. Wir machen weiter so, entweder weil wir die negativen Folgen nicht wahrhaben wollen oder weil uns die Abhängigkeit vom Markt dazu zwingt, die Wachstums- und Ausbeutungslogik beizubehalten. Im Kapitalismus diktiert uns der Markt diese Ignoranz.

Wahrscheinlich denken wir alle, dass Innovation und Verantwortung sich wechselseitig bedingen. Die Entwicklung des Kapitalismus macht aber deutlich, dass Innovation und Verantwortung keine sich wechselseitig bedingenden Parameter sind. Diese Trennung von Verantwortung und Innovation ist aber nicht dem Kapitalismus eigen, sondern reicht weit zurück in die Menschheitsgeschichte. Für sehr lange Zeit waren Innovation und Verantwortung Gegenspieler.

In der Vergangenheit hat man Innovator*innen gerne auf dem Scheiterhaufen verbrannt. Heute streicht man die Förderung von innovativen Maßnahmen aus den öffentlichen Haushalten, sofern die innovativen Maßnahmen nicht mehr Wachstum oder Ertrag versprechen. (Glaubt man immer noch, dass Innovationen den Teufel herbeizaubern?)

Es ist richtig: Innovation heißt nicht zwangsläufig, dass es besser wird. Natürlich waren die Dampfmaschine und das Fließband Innovationen und natürlich waren es auch soziale Innovationen, da sich die Lebensverhältnisse der Menschen hierdurch massiv verändert haben, und zwar damals zunächst zuungunsten vieler Menschen. Es waren dann Parteien und Gewerkschaften – die ebenfalls Innovationen sind –, die dazu beigetragen haben, die Auswüchse des Kapitalismus zu begrenzen.

Auch heute finden Innovationen statt, die nur für einen Teil der Menschen einen Fortschritt, aber für andere Rückschritte mit sich bringen. So hat die Plattformökonomie, ähnlich wie das Fließband, die Arbeitskraft vieler Menschen entwertet. Aufhalten können wir dies nicht – aber wir können Innovationen sozial einbetten.

4. Soziale Innovationen in der Wohlfahrt

Die Politik hat sich in Deutschland nicht wirklich als innovationsfördernd hervorgetan, auch die Wirtschaft würde gerne an dem alten Industriemodell festhalten. Die Sozialwirtschaft verhält sich nicht anders. Als vor zehn Jahren im Zusammenhang mit der Entwicklung der Social-Entrepreneurship-Szene die Diskussion zur Bedeutung von sozialen Innovationen aufflammte, hat sich die Wohlfahrt eindeutig positioniert und ausgeführt, dass sie die Meister der Innovation sind – und zwar der systematischen Veränderung der Praxis durch die Erkenntnisse aus der Praxis. Veränderungen in der Wohlfahrt wurden und werden peu à peu oder schleichend entwickelt. Wir würden diese Form der Innovationen als inkremental definieren.

Dr. Rock vom Paritätischen Wohlfahrtsverband kritisierte die Empfehlung des Deutschen Bundestages für eine verstärkte Förderung von sozialen Innovationen – insbesondere durch die Förderung von Labs und Hubs. Er konstatiert, dass „die übergroße Mehrheit sozialer Innovationen in der sozialen Praxis entstehen, im Austausch zwischen engagierten Menschen, insbesondere durch und mit dem Expertenwissen von Betroffenen, gerade in der Selbsthilfe". Er betont zudem, dass schon Max Weber vor über einhundert Jahren darauf hinwies, dass der innovative Gedanke kommt, „wenn es ihm, nicht, wenn es uns beliebt".[56]

Es gibt Thesen, die sind vom Grundsatz richtig, aber eben nicht vollständig richtig. Innovationen, die in Laboren entstanden sind oder theoretisch hergeleitet wurden, galten immer als verdächtig. Im 4. Jahrhundert vor Christi hat Aristoteles festgestellt, dass die Erde eine Kugel ist. Die christliche Religion hat diese Entdeckung abgelehnt. Erst als Magellan und Francis Drake die Erde umsegelten, kam man nicht mehr umhin, es anzuerkennen. Giordano Bruno wurde verbrannt, weil er feststellte, dass die Sterne Sonnen sind und dass das Universum kein Zentrum hat. Galilei, der dieser These anhing, wurde unter Hausarrest gestellt. Louis Pasteur wurde von der medizinischen Gemeinschaft angefeindet, als er feststellte, dass Krankheiten durch Keime verbreitet werden. Als Darwin seine Theorie zur Entstehung der Arten auch auf die Menschen übertrug, wurde er von großen Teilen der Gesellschaft verachtet und sogar gehasst.

Bei diesen Erkenntnissen handelt es sich um disruptive Innovationen. Sie wären nicht entstanden, wenn die Akteure nicht mutig gewesen wären und das Bestehende nicht infrage gestellt hätten. Auch das Auto wäre nicht entstanden, wenn die Kutschpferde besser gefüttert, die Kutsche bequemer ausgestattet, ihr eine andere Federung verpasst oder der Dialog zwischen den Kutschern gefördert worden wäre. Ohne die Bedeutung von inkrementalen Innovationen geringzuschätzen, gilt, dass zentrale Veränderungen eben nicht peu à peu entstehen. Disruptive Innovationen sind ein wichtiger Hebel der Veränderung. Selbst den Feuern der Inquisition ist es nicht gelungen, diese Entwicklung aufzuhalten.

Arthur Schopenhauer hat dazu gesagt, eine wichtige Idee muss einen „feindlichen Empfang haben, bevor sie akzeptiert wird. Zuerst wird sie verspottet, danach wird ihr feindlich begegnet. Am Ende wird sie als selbstverständlich angesehen."[7]

Disruptive Innovationen entstehen in aller Regel in Laboren. Das war in der Vergangenheit so, das ist in der Gegenwart so – dafür haben wir Universitäten, Forschungseinrichtungen und F&E-Abteilungen. Viele Inno-

---

5 https://www.der-paritaetische.de/alle-meldungen/eine-verpasste-chance-soziale-innovationen-im-bundestag/ (zuletzt abgerufen am: 16. Mai 2023)
6 Max Weber (1919): *Wissenschaft als Beruf.* Duncker & Humblot, München und Leipzig, S. 11.
7 https://www.qmarkets.de/blog/the-thin-line-between-innovation-and-insanity/ (zuletzt abgerufen am: 16. Mai 2023)

vationen entstehen nicht zufällig, sondern geplant. Und es gibt Rahmenbedingungen, die die Innovationsentwicklung befördern oder blockieren. Bei sozialen Innovationen handelt es sich zumeist um offene Innovationen, also um Innovationen, die nicht hinter verschlossenen Türen unter dem Siegel der Geheimhaltung entwickelt werden, um anschließend einen Wettbewerbsvorteil generieren zu können. Dies ist ja der Sinn und Zweck privatwirtschaftlich motivierter Innovationsentwicklung. Bei sozialen Innovationen handelt es sich um Innovationen, die dazu beitragen, gesellschaftliche Probleme zu lösen. Die Social Impact Labs sind Orte, in welchen in interdisziplinären Teams unter Mitwirkung der Betroffenen Produkte und Dienstleistungen entwickelt werden, die dazu beitragen, soziale oder ökologische Herausforderungen zu meistern. Es werden explizit keine Projekte gefördert, deren Ziel darin besteht, Profite zu generieren.

Die Entwicklung von Innovationen in einem geschützten Raum kann sehr sinnvoll sein, da außerhalb eines organisatorischen Rahmens – also außerhalb der tagtäglichen Arbeitspraxis – Scheitern einfacher ist als innerhalb dieses Rahmens. In der Forschungspraxis ist Scheitern ein normaler Zustand. Fehler und Niederlagen führen oft zu den überraschendsten und erfolgreichsten Innovationen. Wie schon Thomas Edison, der Erfinder der Glühbirne, sagte:

„Ich bin nicht gescheitert. Ich habe gerade 10.000 Wege entdeckt, die nicht funktionieren."[8] So galt bei unserer Arbeit in den Labs immer der Grundsatz: Scheitere früh, scheitere oft, scheitere billig, scheitere schnell. Aber Fehler haben nur dann einen Wert, wenn man sich die Zeit nimmt, sie begutachtet und sie danach nicht nochmal macht. Ein Social Impact Lab stellt hierfür optimale Bedingungen.

5. Organisatorische Voraussetzungen für Innovationsentwicklung

Da es bei Innovationen allerdings nicht nur um die Entwicklung von etwas Neuem geht, sondern im Wesentlichen um die Verdrängung von etwas Bestehendem durch etwas Neues, muss man schauen, woran es liegt, dass effektivere und essenziellere Formen der Problembewältigung nicht angegangen oder umgesetzt werden. Anders formuliert: Warum ist die Innovationsentwicklung so schwer?

---

8 https://zitate-fibel.de/zitate/thomas-alva-edison-ich-bin-nicht-gescheitert-ich-habe-10-000-wege-entdeckt-die-nicht-funktioniert-haben (zuletzt abgerufen am: 16. Mai 2023)

Hierzu eine kurze Geschichte: Ich wurde vor einigen Jahren von einer Bürgermeisterin gebeten, gemeinsam mit einer namhaften Beratungsgesellschaft eine Studie über die touristischen Entwicklungspotenziale einer Stadt zu erstellen. Diese Beratungsgesellschaft verfügte über ein standardisiertes Analyseinstrument und ein Standardberichtsverfahren. Mit diesen beiden Instrumenten konnte die Studie ruckzuck erstellt werden. Die Standardisierung der Erfassung habe ich noch verstanden. Aber die Standardberichterstattung führte dann dazu, dass die auftraggebende Stadt die gleichen Empfehlungen bekam wie die Nachbarstadt und viele andere Städte. Ich habe dann den Leiter der Untersuchung gefragt, welchen Mehrwert das für unsere Auftraggeberin haben soll, wenn sie in Zukunft die gleichen Instrumente und Methoden einführt wie alle anderen Städte? Was bringt es, wenn nichts entsteht, was die Stadt touristisch einzigartig macht? Meine Vorschläge, einen USP für die Stadt zu entwickeln, sind alle abgelehnt worden und ich habe mich aus der Erstellung der Studie zurückgezogen. Mich hat sehr gewundert, dass die Bürgermeisterin, die ich sehr geschätzt habe, den Bericht angenommen hat. Ich habe sie darauf angesprochen. Sie hat gesagt, dass der Bericht genau das war, was sie brauchte. Selbst wenn alle Empfehlungen keine Weiterentwicklung bewirken, kann sie gerade durch den Vergleich zu anderen Städten sagen, dass alle Maßnahmen analysiert wurden und ihre Stadt das Gleiche wie andere Städte macht und es daher nicht falsch sein kann. Mit meinen Vorschlägen wäre sie das Risiko des Scheiterns eingegangen. Sie hätte dann möglicherweise politische Konsequenzen befürchten müssen.

Damit sind wir wieder in Grönland und bei einer essenziellen Innovationsbarriere: Der Angst, zu scheitern.

Wer innoviert, muss aus der Reihe tanzen. Sie oder er muss die herkömmliche Art und Weise, wie Leistungen erbracht werden, infrage stellen. Man muss sich aus der Komfortzone bewegen und auch noch andere Menschen überzeugen mitzumachen. Man läuft Gefahr, sich lächerlich zu machen. Neben diesen sehr persönlichen Aspekten – der Frage des Mutes – gibt es vier zentrale Faktoren, die der Innovationsentwicklung innerhalb der Wohlfahrt entgegenstehen:

- Personale Hemmnisse
- Organisatorische Hemmnisse
- Finanzielle Hemmnisse
- Systemgrenzen

5.1. Geschäftsführung und Management

In Bezug auf die am Innovationsprozess beteiligten Personen spielt die Qualifikation und die Bereitschaft von Management und Mitarbeiter*innen eine entscheidende Rolle für das „Gelingen" von Innovationen. Es ist die Verantwortung der Geschäftsführung oder des Vorstandes, sich für die Entwicklung von innovationsfördernden Maßnahmen zu entscheiden und den Rahmen vorzugeben. Wenn die Geschäftsführung nicht risikobereit ist, sich abweisend gegen Neuerungen verhält oder der Geschäftsführung die Kompetenz fehlt, die Potenziale der Veränderungen zu erkennen, werden Innovationsbemühungen scheitern. Geschäftsführung und Management müssen bereit sein, Innovationsprozesse zu initialisieren und Sicherheit gegen Unsicherheit einzutauschen.

5.2. Mitarbeiter*innen

Mitarbeiter*innen müssen motiviert werden, sich neuen Herausforderungen zu stellen, beliebte Routinen aufzugeben und Anschauungen zu ändern. Sie müssen entsprechend qualifiziert sein oder bereit sein, sich zu qualifizieren. Darüber hinaus müssen häufig zusätzliche Kompetenzen „eingekauft" werden, um Innovationsaktivitäten zu unterstützen. Dies scheitert dann oftmals daran, dass geeignetes hochqualifiziertes Fachpersonal knapp ist und im Vergleich zur Privatwirtschaft weniger monetäre Anreize aufgrund tarifvertraglicher oder betriebsinterner Vergütungsregeln geschaffen werden können.

5.3. Organisatorische Herausforderungen

Neben fehlenden personellen Kompetenzen gibt es in vielen Einrichtungen auch organisatorische Problemstellungen und Defizite. Vielen Wohlfahrtseinrichtungen fehlt es an Kapazitäten, außerhalb des Tagesgeschäftes noch andere Aufgaben zu übernehmen. Zudem existieren aufgrund des Fehlens einer zuständigen Abteilung oder eines Innovationsmanagements häufig Informationsdefizite in Bezug auf Wissens- und Technologiequellen. Um neue Produkte und Verfahren in einer Organisation zu etablieren, bedarf es übergreifender Koordinierungsfunktionen und Kommunikationsstrukturen, die in vielen Einrichtungen zunächst geschaffen werden müssen.

5.4. Kultur

Um Innovation zu stimulieren, ist es wichtig, eine Kultur zu etablieren, die offen ist für neue und verrückte Ideen. Die Organisation muss erlauben, Dinge auszuprobieren, was auch zu Fehlern führen kann. Dies bedarf einer positiven Fehlerkultur. Für verrückte Ideen oder Fehler bestraft oder getadelt zu werden, ist der sicherste Weg, eine Innovationskultur zu zerstören. Zum anderen können auch bereichsbezogene Innovationsentwicklungsprozesse zu einem verstärkten Bereichsdenken, Unwillen, Missgunst und Neid führen. Hier hat der Betriebsrat eine wichtige Funktion, der in die Prozesse eingebunden werden und gegebenenfalls auch Moderationsfunktionen übernehmen muss.

5.5. Finanzen

Vielen Wohlfahrtseinrichtungen fehlt es an hinreichendem Risikokapital. Der Begriff Risikokapital ist richtig, da ein Innovationsentwicklungsprozess auch scheitern kann und mithin vorher die Frage aufgeworfen werden muss, ob man ein Scheitern finanziell verkraften kann. Neben den Entwicklungskosten der Innovation und den notwendigen infrastrukturellen Kosten kommen noch zusätzliche Kosten für die Weiterbildung von Mitarbeiter*innen und für die Einstellung von qualifizierten Mitarbeiter*innen hinzu.

Möglicherweise besteht infolge der Innovation auch die Notwendigkeit zur Umbesetzung von Mitarbeiter*innen. Gemäß einer Studie der Caritas führen über 70 Prozent der befragten Einrichtungen an, dass die hohen Kosten und die fehlenden Finanzierungsmöglichkeiten das Haupthindernis in Bezug auf Innovationsentwicklung darstellen. Für fast zwei Drittel sind fehlende Eigenmittel ein wesentliches Hindernis. Demnach sind auch nur 25 Prozent bereit, wirtschaftliche Risiken einzugehen.[9]

---

9 https://www.caritas.de/neue-caritas/heftarchiv/jahrgang2013/artikel/soziale-innovationen-nur-wer-wagt-gewinn (zuletzt abgerufen am: 16. Mai 2023)

5.6. Umfeldbezogene Hindernisse der Innovationsentwicklung

Darüber hinaus spielen umfeldbezogene Innovationshemmnisse in der Wohlfahrt eine zentrale Rolle. Im Unterschied zur freien Wirtschaft können in vielen Fällen weder die Leistungspreise noch die Leistungsformen frei bestimmt werden. Sie werden in Übereinstimmung mit den Kostenträgern definiert. Diese Form der sozialrechtlichen Leistungsfinanzierung stellt ein wesentliches Innovationshemmnis dar, da Innovationserfordernisse nicht in den Kostensätzen eingepreist sind und die Einführung neuer Produkte oder Methoden zunächst mit dem Finanzierungspartner abgestimmt werden muss.

Da man aber ex ante nicht weiß, ob neue Herangehensweisen auch finanziert werden, birgt die Innovationsentwicklung ein zusätzliches Risiko.

5.7. Das Ganze ist mehr als die Summe der Teile

Nun wirken die beschriebenen Faktoren nicht isoliert, sondern sie bedingen sich wechselseitig. Fehlende Risikobereitschaft in der Geschäftsführung, Widerstände in den Bereichen und bei Mitarbeiter*innen, fehlende Kompetenzen und möglicherweise Kapitalmangel führen dazu, dass wichtige Innovationsentwicklungsprozesse zurückgestellt werden und der Fokus beim Tagesgeschäft bleibt.

6. Fazit

Anhand der dargestellten Faktoren wird deutlich, dass Innovationsentwicklung in der Wohlfahrt ein schwieriges Geschäft ist. Nun kann die Konsequenz daraus nicht sein, dass nicht innoviert wird und auch nicht, dass man sich mit inkrementalen Innovationen zufriedengibt. Angesichts der gesellschaftlichen Herausforderungen – die durch die aktuelle Krise noch größer werden – benötigen wir eine leistungsfähige, moderne und innovative Sozialwirtschaft. Der ökologische Umbau unserer Gesellschaft wird nur funktionieren, wenn alle mitgenommen werden und wir die Gesellschaft auch sozial umbauen. Hier kommt der Sozialwirtschaft eine wesentliche Funktion zu. Damit sie diese Funktion erfüllen kann, muss die Wohlfahrt sich neu aufstellen. Sie muss ihre Innen- und Außenbeziehungen neu ordnen. Bisher nutzen Wohlfahrtseinrichtungen kaum Impulse von außen –

wie eine von der Caritas beauftragte Studie belegt. Die meisten Ideen kommen aus der unmittelbaren Arbeit und der Beobachtung der Klient*innen und basieren auf dem internen fachlichen Austausch. Selbst dem eigenen Vorschlagswesen wird in den meisten Einrichtungen nur wenig Bedeutung beigemessen. Es sind ca. 7 Prozent der Wohlfahrtseinrichtungen, die dies nutzen.[10]

Die Studie ist nun schon etwas älter, aber auch unsere Erfahrungen in der Arbeit mit Wohlfahrtseinrichtungen bestätigen nach wie vor diese Struktur. Auch Herr Dr. Rock weist ja in seinem Beitrag darauf hin (siehe zuvor). Insbesondere findet eine Zusammenarbeit mit Universitäten, Startups oder Wirtschaftsunternehmen kaum statt. Auch wenn die Nutzer*innenorientierung keine falsche Herangehensweise ist, können Kollaborationen dabei helfen, einen anderen Blick auf die Problemlage zu bekommen.

Gerade das Kooperationsangebot der Social Impact gGmbH Wohlfahrtseinrichtungen mit Social Startups zu matchen und im Verbund innovative Projekte, Verfahren oder Produkte zu entwickeln, bietet eine große Chance für beide Seiten. So sind die Wohlfahrtseinrichtungen Experten in eigener Sache, während Social Start-ups und Social Entrepreneurs Wissen und Kompetenzen aus anderen Leistungsfeldern, Umfeldern und Disziplinen einbringen. Dieser Match eröffnet vielfach neue Perspektiven und zeigt neue Lösungswege.

Nun scheitern Kooperationen allerdings nicht (nur) am mangelnden Wollen, sondern häufig auch an den mangelnden Möglichkeiten – wie zuvor bereits beschrieben. Tatsächlich sind – wie bereits angemerkt – die fehlenden Finanzierungsmöglichkeiten ein Haupthindernis zur Innovationsentwicklung in der Wohlfahrt. Zum einen beschränkt die Art der sozialrechtlichen Leistungsfinanzierung Innovationsentwicklungsprozesse und zum anderen ist eine Rücklagenbildung in gemeinnützigen Organisationen nur bedingt zulässig, mithin kann auch intern nur in eingeschränkter Weise eine Kapitalbasis für Innovationsentwicklung aufgebaut werden.

Die Wohlfahrt benötigt öffentliche Mittel, um soziale Innovationsentwicklungsprozesse zu beschleunigen. Öffentliche Projektmittel sollten vor allem genutzt werden,

- um Innovationsmanager*innen zu beschäftigen, die zur Verbesserung der Informationslage und zur Förderung der betrieblichen Innovationskultur beitragen,

---

10 https://www.caritas.de/neue-caritas/heftarchiv/jahrgang2013/artikel/soziale-innovationen-nur-wer-wagt-gewinn (zuletzt abgerufen am: 16. Mai 2023)

- um die Vernetzung der Wohlfahrt mit Unternehmen und Wissenschaft zu fördern,
- um Innovationslabore in Kooperation mit anderen Einrichtungen, Wissenschaft und mit Start-ups und Unternehmen zu etablieren,
- um Infrastrukturfinanzierungen zum Transfer und zur Skalierung von Innovationen zu ermöglichen.

Die Wohlfahrt hat eine zentrale Aufgabe zur Sicherung der Zukunftsfähigkeit unserer Gesellschaft. Aber sie muss sich auch selbst zukunftsfähig aufstellen und sowohl nach innen ihre Organisationskultur und -struktur als auch die Führungs- und Entscheidungsgrundlagen überprüfen und nach außen ihre Vorbehalte gegenüber cross-sektoralen Kooperationen überwinden.

Schlusswort

Dr. Martin Reichinger

– Es gilt das gesprochene Wort –

Meine sehr geehrten Damen und Herren,

„Verantwortung wahrnehmen" – unter diesem Titel stand der 12. Kongress der Sozialwirtschaft, der – und das war uns ein großes Anliegen – nach der Corona-Pause wieder als Präsenzveranstaltung stattfinden sollte. Wir hoffen daher, dass Sie den persönlichen Austausch und das Miteinander als genauso bereichernd und inspirierend empfunden haben wie wir.

Der Kongress neigt sich seinem Ende entgegen. In Plenumsvorträgen, Workshops und Podiumsdiskussionen sind in den vergangenen zwei Tagen aktuelle Herausforderungen für die Träger der freien Wohlfahrtspflege und für Sozialunternehmen sachkundig erörtert, Veränderungs- und Optimierungspotenziale entdeckt und praktische Handlungsempfehlungen formuliert worden. Wir, Sie haben viel geschafft!

Mit dem Veranstaltungsformat dieses Kongresses verfolgen seine Träger – die Bundesarbeitsgemeinschaft der Freien Wohlfahrtspflege, die Bank für Sozialwirtschaft und der Nomos Verlag – seit jeher das Ziel, Führungskräften aus der gesamten Sozialwirtschaft praxisrelevante Informationen, fachlichen Input und Impulse für die Gestaltung ihrer unternehmerischen Strategien an die Hand zu geben. Es wäre uns daher eine große Freude, wenn wir unser Ziel auch bei diesem Kongress der Sozialwirtschaft wieder erreicht hätten. Ein Alleinstellungsmerkmal, ein Gütesiegel dieses Kongresses war dabei stets die Verknüpfung interdisziplinär gewonnener, wissenschaftlicher Erkenntnisse mit den Erfahrungen und dem Know-how aus Ihrer beruflichen Praxis. Für diese Gemeinschaftsleistung möchten wir Ihnen danken.

Wissenschaft und Praxis: Die Kompetenzen, Ideen und Stärken beider Partner sind nötig, um die Sozialwirtschaft zukunftsfähig zu machen – eine Branche, deren Mitarbeiterinnen und Mitarbeiter in Krisenzeiten, wie wir sie derzeit erleben müssen, enormen Belastungen ausgesetzt sind, und deren Tätigkeitsfelder, Organisationsstrukturen und Finanzierungsmodelle sich ohnehin fortwährend in Umgestaltungsprozessen befinden. Die Krisenphänomene überlagern sich, man hat den Eindruck, eine Krise gehe in die nächste über: Massive Fluchtbewegungen, Klimakatastrophen, Pandemielagen, ein monströser Krieg mitten in Europa, fortwährende Bürgerkriege im Yemen und in Syrien, Hungerkatastrophen, Energieknappheit, Inflation, eine drohende Rezession. Die demokratisch verfasste Gesellschaft und der Sozialstaat stehen angesichts dieser gewaltigen Probleme enorm unter Druck, sie unterliegen einer echten Bewährungsprobe. Krisen kosten Geld. Ihre Bewältigung kostet Geld. Und dort, wo eigentlich lokale, regionale, globale Solidarität Not täte, ziehen bereits Verteilungskonflikte herauf.

Die Notwendigkeit zum Klimaschutz, zur Energie- und Mobilitätswende, zu einem verantwortungsbewussten und nachhaltigen Lebensstil ist für uns alle zu einer existenziellen Zukunftsaufgabe geworden. Viele Unternehmen der Sozialwirtschaft, wie Krankenhäuser, Pflegeheime, Werkstätten, die häufig einen hohen Energie- und Ressourcenbedarf haben, reagieren bereits verantwortungsbewusst darauf, indem sie z.B. ihr Energie- und Immobilienmanagement in den Fokus nehmen. In der Tat fordert die Gesellschaft auch von den Unternehmen und Organisationen der Sozialwirtschaft zunehmend die Übernahme moralischer, sozialer und ökologischer Verantwortung. Und diese Erwartungshaltung ist gerade gegenüber der Sozialwirtschaft im Vergleich zu den reinen Profit-Organisationen besonders groß. Die Sozialwirtschaft ist daher gut beraten, künftig aktiv an einer klimagerechten, digitalen, sozialen und ökologischen Transformation teilzunehmen, kann hier sogar eine Speerspitze bilden.

Freilich funktioniert der Beitrag der Sozialwirtschaft zu dieser Transformation nur, wenn unser Wohlstand und die Leistungsfähigkeit des Sozialstaats erhalten bleiben. Es ist wahrlich nicht einfach, angesichts eines unaufhörlich steigenden Bedarfs an Sozialer Arbeit und sozialen Dienstleistungen bei gleichzeitig akutem Fachkräftemangel auch an dieser Front immer neue Lösungen zu finden und erfolgreich zu sein. Die große Stärke der Sozialwirtschaft liegt andererseits gerade darin, dass sie auf dem Fundament eines wertebasierten Sozialstaats steht, von einem jahrzehntealten, hochbelastbaren Kooperationsnetzwerk profitiert und ganz pragmatische, innovative Lösungen anbieten kann, wie beispielsweise gemeinwohlorientierte oder genossenschaftliche Wirtschaftsansätze.

Ich bin deshalb davon überzeugt, meine sehr geehrten Damen und Herren, dass die Sozialwirtschaft durch Verantwortungsübernahme, unternehmerischen Optimismus, intensive und nachhaltige Lobbyarbeit, kluge Innovationen und Investitionen – und durch die ihr eigene Sozialethik –

wesentlich zur Bewältigung der Herausforderungen unsere Zeit beitragen wird. Die Inhalte der Sozialwirtschaft sind ein Vorbild für gelebte Solidarität. Sozialwirtschaft ist echte Arbeit am Gemeinwohl! Ich hoffe, dass auch für Sie der 12. Kongress der Sozialwirtschaft ein Stück weit zu dieser Zuversicht beigetragen hat.

Abschließend gilt mein Dank all jenen, die vor und hinter den Kulissen zum Gelingen dieses Kongresses beigetragen haben: Den Rednerinnen und Rednern, den Referentinnen und Referenten, Moderatorinnen und Moderatoren und allen Diskutierenden Christiane Frahm hat diese Veranstaltung mit großem Engagement und großer Umsicht vorbereitet und mit viel Herzblut organisiert. Ihr zur Seite stand im „Orga-Team" Dagmar Lohmar, die zu jedem Zeitpunkt einen reibungslosen Ablauf des Kongresses und der Ausstellung sichergestellt hat. Im Namen des gesamten Leitungsteams bedanke ich mich herzlich für ihre hervorragende Arbeit! Mein persönlicher Dank für die vertrauensvolle Zusammenarbeit richtet sich an die Mitglieder des Leitungsteams, stellvertretend an Dr. Gerhard Timm von der BAGFW, Stephanie Rüth von der Bank für Sozialwirtschaft und an meine liebe Kollegin aus Baden-Baden, Petra-Marion Niethammer.

Herzlichen Dank!

Autorinnen und Autoren

Sven Bartel leitet bei beim Diakonischen Werk der Evangelischen Landeskirche in Baden die Abteilung „pulsnetz.de – gesund arbeiten" und ist Projektleiter des Regionalen Zukunftszentrums KI „pulsnetz.de – gesund arbeiten", das im Rahmen des Programms „Zukunftszentren KI" vom Bundesministerium für Arbeit und Soziales (BMAS) gefördert wird. Der Diplom-Betriebswirt (BA) war zuvor sowohl in der Finanz- als auch der IT-Projektwelt tätig, sowie mehrere Jahre selbstständig als Trainer, Coach und Mediator.

Gitta Bernshausen ist Vorständin im Sozialwerk St. Georg in Gelsenkirchen. Sie studierte Sozialarbeit und ist seit 1986 für den Sozialwerk St. Georg e.V. tätig – zunächst in operativer Leitungsfunktion. Im Jahr 2002 erfolgte der Wechsel in die Organebene, zunächst als Geschäftsführerin verschiedener Tochtergesellschaften. Seit 2012 ist Gitta Bernshausen Vorständin des Vereins und zuständig für die Bereiche Ethik, Qualität, Human Resources und Innovation.

Dr. Rainer Brockhoff ist Bankkaufmann und studierte Volkswirtschaft in Münster und Freiburg. Von 1989 bis 2022 arbeitete er in leitender Stellung beim Diözesancaritasverband der Diözese Rottenburg-Stuttgart - seit 2001 als Direktor und geschäftsführender Vorstand für Unternehmenspolitik und Ressourcensteuerung. Anerkennung erwarb sich Rainer Brockhoff als Sprecher und Verhandlungsführer der Dienstgeberseite Caritas in der Arbeitsrechtlichen Kommission. Er ist Vorsitzender der Kommission Ökonomie der Caritas und Vorstand des neu gegründeten Caritas-Netzwerk IT e.V.

Dr. Silke Köser ist als projektleitende Personal- und Managementberaterin bei der contec GmbH im Geschäftsbereich conQuaesso® JOBS tätig. Sie unterstützt Unternehmen der Gesundheits- und Sozialwirtschaft bei der Gewinnung von Fach- und Führungskräften im Top-Management und führt die entsprechenden Personalauswahlprozesse von der Anforderungsanalyse bis zur Einarbeitungsbegleitung. Ihre langjährige Erfahrung in der

Sozialwirtschaft und interdisziplinäre Herangehensweise bringt sie darüber hinaus in unterschiedlichen Geschäftsfeldern der contec GmbH ein.

Norbert Kunz gehört zu den profiliertesten Sozialunternehmern in Deutschland. Seit fast dreißig Jahren berät und unterstützt er Existenzgründer:innen und hat als Mitbegründer verschiedener Organisationen maßgeblich an der Entwicklung sozialer Innovationen mitgewirkt. Für sein Engagement wurde Norbert Kunz unter anderem als Ashoka-Fellow, von der Schwab Foundation als Social Entrepreneur des Jahres 2010 oder mit dem Sustainable Entrepreneurship Award mehrfach ausgezeichnet. Norbert Kunz ist Träger des Bundesverdienstkreuzes. Er ist Vorstands-/Beirats- und Mitglied in zahlreichen Verbänden und Instituten wie der OECD-Working Group zu Inclusive Entrepreneurship und der European Commission Expert Group on Social Business.

Steffen Lembke ist seit zehn Jahren für die AWO federführend im Bereich Klimaschutz und Nachhaltigkeit tätig und leitet im AWO Bundesverband die Abteilung Qualitätsmanagement / Nachhaltigkeit.

Anja Mandelkow ist Lehrbeauftragte an der Bergischen Universität Wuppertal sowie an der Hochschule RheinMain in Wiesbaden. Leiterin der Projektberatung für Sozial- und Gesundheitsimmobilien bei der BFS Service GmbH, Köln. Fachlich ist sie interdisziplinär aufgestellt: Neben einem finanzwirtschaftlichen Studium zur diplomierten Bankbetriebswirtin (inkl. fachliche Eignung nach § 25c KWG) absolvierte sie den M.Sc. an der Bergischen Universität Wuppertal in der Fakultät für Architektur und Bauingenieurwesen mit Schwerpunkt auf Projektentwicklung und Projektsteuerung.

Sebastian Merkle studierte Immobilienwirtschaft an der HfWU in Nürtingen-Geislingen, mit bereits ersten internationalen Erfahrungen bei ERES-Kongressen, dem German und International Coucil of Shopping Centers und der Georgia State University in Atlanta. Bereits 2010 durfte er als Member der Royal Institution of Chartered Surveyors in London beitereten. Seine ersten Karriereschritte machte er bei einem international agierenden Immobilienberater in London, und wechselte später in dessen Büros nach München und Frankfurt. Seit 2012 steht er als geschäftsführender Vorstand der Baugenossenschaft Familienheim eG in Villingen-Schwenningen vor und bekleidet seit 2021 zusätzlich das Amt des Vorstandsvorsitzenden des Siedlungswerk Baden e.V. in Karlsruhe.

Dr. Friederike Mussgnug leitet als Juristin bei der Diakonie Deutschland stellvertretend das Zentrum Recht und Wirtschaft. Ihre Schwerpunkte liegen auf dem Sozialrecht und Vergaberecht. Im Sozialrecht liegt ihr Schwerpunkt bei der Öffnung des Sozialrechts für Gesichtspunkte der Nachhaltigkeit und die angemessene Finanzierung nachhaltiger sozialer Arbeit. Im Vergaberecht befasst sie sich insbesondere mit der Schnittstelle zwischen Sozialrecht und Vergaberecht.

Wolfgang Muy ist Supervisor und Resilienz & Business Coach H.B.T. Er unterstützt vielfältige Organisationen zur Stärkung der individuellen und organisationalen Resilienz und ist Coach für Führungskräfte und Teams. Seit 1993 ist Wolfgang Muy am innovativen Aufbau der Sozialpsychiatrie der Diakonie Lahn Dill und des Lahn-Dill-Kreises beteiligt. Seit 2015 leitete der Fachstelle für Innovation, Entwicklung und Gesundheitsmanagement und wirkte beim Aufbau einer umfassenden und agilen Unternehmenskultur mit, die bundesweit Beachtung findet. Ab 2023 ist er ausschließlich als Resilienz & Business Coach, Speaker und Therapeut bundesweit aktiv.

Dr. Martin Reichinger ist Diplom-Kulturwirt und leitet seit 2012 den Programmbereich Sozial- und Geisteswissenschaften der Nomos Verlagsgesellschaft, Baden-Baden, sowie deren Imprints Academia, Ergon, Karl Alber, Rombach Wissenschaft und Tectum. Er studierte Sprachen-, Wirtschafts- und Kulturraumstudien in Passau und Tours. 2009 Promotion im Fach Internationale Beziehungen, von 2007 bis 2011 Verlagsredakteur bei der Westermann Bildungsmedien Verlag GmbH, Braunschweig.

Dr. Gerhard Timm, Dipl.-Volkswirt, Studium der Volkswirtschaft, Politikwissenschaft und Soziologie in Köln und Bern, Promotion zur wissenschaftlichen Beratung der Umweltpolitik, seit 2009 Geschäftsführer der Bundesarbeitsgemeinschaft der Freien Wohlfahrtspflege (BAGFW) e.V., davor u.a. Bundesgeschäftsführer des BUND für Umwelt und Naturschutz e.V.

Thomas Thieme ist Beauftragter des Caritasverbandes für das Erzbistum Berlin e.V. für den Landkreis Oder-Spree und die Stadt Frankfurt (Oder). Nach dem Studium der Sozialen Arbeit und einer Tätigkeit in der stationären Altenpflege kam er im Jahr 1999 zum Caritasverband für das Erzbistum

Autorinnen und Autoren

Berlin e.V. und ist seit 2010 für die verschiedenen Dienste, Projekte und Einrichtungen des Verbandes in der Region Ostbrandenburg verantwortlich. In diesem Zusammenhang hat er zahlreiche Ausschreibungen und Vergabeverfahren begleitet.

Patrick Wilk studierte Betriebswirtschaftslehre (Abschluss Diplom-Kaufmann) und Caritaswissenschaften (Caritas-Diplom) an den Universitäten in Freiburg i. Br. und Köln, gegenwärtig Vorstand Caritasverband Paderborn e.V. und Vorstandsvorsitzender der Caritas Dienstleistungsgenossenschaft im Erzbistum Paderborn gem. eG.